親子×伴侶×公婆×父母

從自我成長到與他人的互動

剛剛好的關係智慧

界限

PERSON
BOUNDARIES

曉雅 —— 著

U0078193

每個人似乎都用盡了全力去愛，可是愛太多了，就有可能會缺乏尊重。
一旦缺少尊重，就會侵犯界限，就會產生傷害，愛便有了副作用。
最終，我們會討厭這份愛。這是過於關心的悲哀……

付出變犧牲、關心變綁架、當愛變成控制
在親密中尋求獨立，願你能活出自己真實的模樣
願這本書能為你的關係帶來一點呼吸的空間——

目錄

自序

第一課　重塑關係：建立真正的自我界限

自我成長就像剝洋蔥 ································· 014

學習是為了讓自己成長 ··························· 016

認知是所有改變的第一步 ························· 019

越親近，越傷害 ································· 022

越界背後是情緒 ································· 026

當受害者同時也是侵犯者 ························· 029

用四個角度跳進跳出 ····························· 034

我們需要彼此尊重 ······························· 035

主動終止惡性循環 ······························· 038

建立邊界首先要拆除的就是「理所當然」 ··········· 043

第二課　父母關係、親子關係的界限

親子關係是父母關係的翻轉、延續、輪迴 ··········· 046

空間界限 ····································· 047

目錄

小空間是你的能量補給站 ……………………… 053

經濟界限 ………………………………………… 055

在物質和精神上回饋父母 ……………………… 059

物質和行為界限 ………………………………… 062

誰不適誰改變 …………………………………… 065

我們需要表達愛 ………………………………… 068

世界上有一種冷，叫「媽媽覺得你冷」 ……… 071

憑什麼要我來改變 ……………………………… 074

打破幻想，看到真相 …………………………… 076

第三課　與公婆、伴侶父母的關係界限

心理界限 ………………………………………… 082

分不清兒子和媳婦的差別 ……………………… 083

最怕媳婦熬成婆 ………………………………… 087

婆婆不是媽 ……………………………………… 090

夫妻關係是第一序位 …………………………… 092

獨立人格從小培養 ……………………………… 094

重大事件上的界限 ……………………………… 097

自由意志是最高意志 …………………………… 099

祖孫關係的界限 ……………………………………… 102

獨立是建立界限的底氣 …………………………… 106

第四課　與伴侶的關係界限

伴侶是自己找來的親人 …………………………… 112

人格獨立的界限 …………………………………… 116

從屬心態是越界的溫床 …………………………… 120

為何會出現「媽寶男」 …………………………… 121

「重男輕女」對男女都是傷害 …………………… 123

誰都不是救世主 …………………………………… 126

不要求伴侶對自己的父母盡孝 ………………… 130

心理空間界限 ……………………………………… 131

婚姻需要求同存異 ………………………………… 135

哪裡不舒服，哪裡就需要建立界限 …………… 136

第五課　建立自己身體的界限

身體的權利 ………………………………………… 140

我們身體的權利是屬於自己的 ………………… 145

誰的身體誰做主 …………………………………… 148

目錄

收回自己身體的權利 ………………………………… 150

對身體尊重的界限 …………………………………… 151

你仔細觀察過自己的身體嗎？ ……………………… 154

公共場所的身體界限 ………………………………… 156

尊重孩子的身體 ……………………………………… 157

身體教育從小開始 …………………………………… 158

我們的身體神聖而美好 ……………………………… 164

第六課　建立和保護自己情緒的界限

界限是給自己的保護屏障 …………………………… 171

ABC 理論 ……………………………………………… 173

負面情緒並非一無是處 ……………………………… 176

「映像書寫法」：情緒梳理的利器 ………………… 180

所有的成長，都是自我的成長 ……………………… 184

允許別人有情緒 ……………………………………… 185

不在別人的情緒當中對號入座 ……………………… 191

不要輕易評判別人的人生 …………………………… 193

第七課 生命的實修：
自我的界限以及能量層面的修復和提升

內在開始有力量 ………………………………… 198

小我養成記 ……………………………………… 200

能量觀念由來已久 ……………………………… 202

讓能量執行更順暢 ……………………………… 208

每個人都更愛自己 ……………………………… 213

呼吸的練習有助於回歸內在 …………………… 218

消除焦慮的靜心方法 …………………………… 222

讓我們回到自己的世界 ………………………… 224

金句總結

目錄

自序

　　有一次我在機場排隊，身後有一個阿姨站得離我很近，她的身體幾乎要貼在我身上了。我感到非常不舒服，回頭看了一眼，發現她身後還有很大的空間，其實她完全沒必要貼得那麼緊。我情不自禁地往前挪了一點，想要給自己騰出一點空間。可是我剛移動，阿姨就迅速跟了上來，又貼上來了。

　　我深吸一口氣，盡量溫柔禮貌地回頭對她說：「不好意思，麻煩您往後站一點，您實在是離我太近了。」對方先是短暫地愣了一下，然後露出了一絲嫌棄的神情，不情願地往後退了一小步。阿姨向上翻的白眼，似乎在表示她心裡正默念著華妃娘娘的臺詞：「賤人就是矯情。」

　　顯然，她並沒意識到自己缺乏界限感。

　　界限對於很多人來說，是個陌生的詞。比起在公共場所發生侵犯界限的事，那些在家庭關係中的越界行為才是數不勝數。

　　我接觸的學生中，有很多人的大學科系是爸媽選的、結婚對象是為了滿足父母需求的、自己的工作是為了讓父母有面子，而不是自己喜歡的。到最後，還是會糾結掙扎，因為對自己的人生並不滿意。很多人會隨著年齡的增長，開始對父母抱

自序

怨與指責，責怪他們剝奪了自己人生的選擇權。

　　等到父母老了，角色就開始對調了。長大後的孩子開始反過來控制自己的父母了。很多老年人也會失去自己人生的掌控權，子女會把老人的生活規定得死死的：不可以亂買東西、要早睡早起，好好保養身體……

　　而孩子在父母身上學習到的思考方式，也會不自覺地應用到夫妻關係和親子關係上，重複這種彼此糾纏、相互干涉的相處模式。

　　到頭來，家庭中的每一個人都會發出同樣的哀嘆：「我這一生，從來沒有為自己活過一天。」

　　家庭中的每個人似乎都用盡了全力去愛，可是愛太多了，就有可能會缺乏尊重。一旦缺少尊重，就會侵犯界限，就會產生傷害，愛便有了副作用。太過糾纏而缺乏界限的愛，會消耗我們內在的能量，會剝奪我們人生的自主權，會讓我們喪失自由意志和為自己負責的能力。最終，我們會討厭這份愛。

　　這是過於關心的悲哀。

　　而這份悲哀，是因缺乏界限與尊重導致的。

　　親人之間講究血濃於水，戀人之間講究白頭偕老，朋友之間講究兩肋插刀，這樣的濃情蜜意本身是非常好的，可是很多時候，因為這份情太濃太重了，就會少了一些尊重和界限。

愛太多，關心則亂，就很容易過度干涉或參與，侵犯到對方的界限。

到最後，就會出現各種「吃力不討好」。父母傾其一生為孩子奔波操勞，結果孩子並不領情反而是各種埋怨；老婆犧牲自我為家庭貢獻，結果老公、孩子最後都嫌棄自己。

一個喪失自我的人，是沒有能力愛別人的。

缺乏界限的關係，會讓付出變成犧牲、讓愛變成控制、讓關心變成綁架。

我們的重情，反而容易變成一種人情的負擔。

其實，關係可以有另外一種美好的樣貌。家庭中的每個人，都擁有自己獨立的空間，尤其是心理空間。你在家庭中，首先可以成為自己，做一個真實的自己。其次，你可以純粹地、無負擔地愛你的家人。

愛你自己和愛你的家人並不衝突，你可以同時擁有。但前提是，你需要尊重自己，保護好自己的界限不被侵犯。同時，你需要尊重你的家人，不要侵犯他們的界限。

家庭中的每個人，因為愛而為對方付出，但是並不會過度犧牲，尊重對方彼此的生命軌跡，即便對方和你有巨大的差異。

在這一份尊重與界限的基礎之上，我們有可能在親人與戀人之間，建立起一種剛剛好的關係。這樣的關係溫暖養心，但

自序

不至於因為太過炙熱而心有負擔；這樣的關係親密美好，但不會因為太過糾纏而失去了自由。

這種剛剛好的關係，是關係最美好的樣子。

願這本書能給你的關係帶來一點呼吸的空間，願你能活出自己真實的模樣。

感恩岑然、妙女士、靜怡、七七、我愛萍萍、周美人。感恩你們的用心與付出。

曉雅

第一課
重塑關係：建立真正的自我界限

［自我成長就像剝洋蔥］

對每個人而言，這都是一段特別的旅程。我經常在課堂上講，我們每一次的相遇都是獨一無二的。這次的訓練營對我們每個人的人生來說，都是不可複製的一次相聚。當課程結束時，我們回到自己的生活，這段短暫的緣分就此結束。

在課程開始前，我們做了一個問卷調查，希望能夠更好地解決大家關心的問題。在問卷調查中，我們把收集的問題歸類後，發現了大家關心的問題排序。

大家最關心的是親密關係問題，也就是情侶關係和夫妻關係。其次是親子關係和父母關係。

親子關係指的是我們作為父母和孩子之間的互動；父母關係指的是我們作為孩子和父母之間的互動。

此外，是同事、朋友這樣周邊的社交關係。最後，大家比較關心的是自我關係。也就是我們和自己的關係，涉及很多關於自我成長方面的困惑和煩惱。

日常生活中，對我們影響最深的往往是身邊的人，跟我們最貼近的是親密關係；然後是「上有老、下有小」的父母和親子關係；其次是朋友、同事關係。我注意到，在問卷回饋中，絕大多數同學反映：自己與外圍互動的關係對自己影響最深，只

有少部分人會把邊界問題歸為自我關係（即自我成長、自己內在深層次情緒），這讓我比較意外。

很多人沒有意識到，自我成長就像剝洋蔥一樣，從外界一層一層剝下去，剝到核心我們會看到，所有跟他人互動關係出現的問題，根源都來自我們自己。接下來，我會帶領大家一起慢慢體會這句話。當生活中出現了越界的問題 —— 無論你越了別人的界限，還是別人越了你的界限；無論你干涉別人還是別人干涉你，最根本的原因是我們沒有跟自己處理好關係。

我在課堂上做過一個比喻，我們在生活中的界限，就好像家門口的草坪邊界。它是家的前院，我們有沒有在草坪上豎起圍欄，保護界限不容侵犯？有沒有宣示主權，去表明「這塊地是我的，只有得到我的允許，別人才可以踏進來，每個人都必須尊重我的所屬權？」

我特別能理解，為什麼大家認為絕大多數問題出在親密關係、父母關係或親子關係上，而不是出在自我關係上。我們和自己的內在衝突往往不明顯察覺到。特別明顯、容易讓我們感知到的，往往是外在的互動關係，一些天天和我們見面、產生交集的人，比如我們的老公、孩子、爸爸、媽媽和朋友。

在接下來的課程中，我會慢慢把每一種關係都理清楚，釋放掉外界的干擾，回到和自己的關係建設中。

［學習是為了讓自己成長］

我們無論學習任何理論想要成長，花時間、花精力、花心思聽課、消化，最終目的都是一樣的：我們希望學到的東西，能夠真正改變我們的生活；對面臨的煩惱、問題有所幫助；能夠真正解決生活中的問題。

課程中，很多例子來自同學們自己的問題。

在案例分析中，可能不會很快出現你最想了解的部分，但也不要心急。有時候，我們從別人的問題中，也可以學到非常多東西。別人提出的問題，也許我們沒有意識到，或者生活中沒有，但是從在別人問題的分析中學習。

大家的問題主要分為兩大類：第一類是自己的生活被別人過度干涉和踐踏邊界；第二類是我們干涉、控制別人的生活，我們成為邊界的踐踏者、破壞者。

這些狀況在生活中很常見，收到的回饋也比較集中。有同學坦誠描述了自己侵犯伴侶邊界的事情：「在婚姻中，我經常沒有安全感，總想看對方的手機，對方也很介意，但是我控制不住自己，一點小事就容易發脾氣。對方說了，我也不願意改變，這讓對方更生氣。我覺得自己一直處於不放鬆、很緊張的狀態。我已經三十四歲，還沒有生孩子。」

對於第一類問題，很多同學在課程上提問：究竟怎麼判斷別人侵犯了界限？很多人對這些的標準非常模糊。有一個非常簡單的判別方法，那就是看別人是否侵犯了我們，問問自己的感受就知道：

你感覺舒不舒服？

你的身體有沒有變化？

你的情緒有沒有變化？

當你有身體和情緒上的變化時，就代表可能對方越界了，至少對方的態度讓你很難受了。

有同學提到，他在公司忘了帶鑰匙，同事跟他說了好幾個「應該」：應該去辦公室拿一下鑰匙；應該把東西拿到辦公室，走的時候就不用再回來；應該怎樣、怎樣，發表了很多類似教導性的「應該」言論。

這位同學留言問：「老師，這算不算是侵犯界限呢？遇到這種情況怎麼辦？」

其實，這位同學報名來聽課，他在提交問題的時候，特地把這件事情交上來，顯然這件事已經讓他不舒服了。所以，大家要明白：當你意識到你很介意這件事情，這件事情讓你不舒服了，雖然從時間維度來看，已經是過去式了，但你仍然感到難受，就可以非常肯定，這是你感覺到被侵犯邊界的事。

這是我們判斷自己是否被侵犯的方法。

有人會隨意評判別人的外貌，見一面，不是說你胖了，就是說你黑了，要麼就說你的衣服搭配不好看。

當我們有任何情緒上的不舒服、不自在，都代表我們的內在感受到被別人侵犯界限。我們無形的氣場被別人破壞了，他走到了我們安全感的範圍之內，這是非常容易判斷的標準。

對於第二類問題，如何判斷我們的言論是不是侵犯到別人了呢？

我們在生活中，經常遇到一些人，做一些侵犯別人界限的事情，卻以為自己在做好事。

很多父母給孩子做飯，做的根本就不是孩子愛吃的。孩子可能說了很多遍不愛吃，父母還是端到孩子面前，因為父母認為這樣的飯有營養，這就是侵犯界限，但是父母自己不覺得。

如果你希望自己能夠清楚何時侵犯了別人的界限，也有一個很簡單的判斷標準。你要去察覺和觀察對方的反應，看一下對方是欣然歡喜、舒服的狀態，還是有點遲疑，或者不高興已經寫在臉上了。

像我們判斷自己一樣，當你感覺不舒服的時候，你被侵犯了界限；當別人感覺不舒服時，我們就已經侵犯了別人的界限。

剛剛提到的總是侵犯伴侶邊界的那位同學，她說在婚姻中

沒有安全感，總看對方手機，對方都已經明確地表達自己很介意、很生，他已經感覺到被侵犯，甚至用憤怒、很強烈的情緒反應來表達不滿了。

這是一個非常明顯的特徵，別人在向你示威，在告訴你，「你侵犯到我了」。我們需要清楚地意識到，我們扮演了令人討厭的角色，我們成為侵犯別人界限的人，這樣的覺知是非常重要的。

很多同學在各種場合問過同樣的問題：「老師，我知道，我也懂，我完全明白你講的是什麼，可是我做不到。」

很多時候我們「做不到」，是因為我們以為自己足夠意識到問題，實際上我們對自己的認知、對問題的認識比較膚淺、不到位，才會在真正行動時執行不起來。

有的人沒有意識到自己的行為有多麼糟糕；沒有意識到自己現在的行為模式，對自己、對別人的傷害有多大。

認知是所有改變的第一步

我們一起學習，如何透過更好地溝通、更好地拒絕、更好地設立底線、更好地自我成長，一步一步建立起邊界，讓自己活在安全當中。

在這之前非常重要的一步，就是大家需要去做覺知和觀察的工作。

如何去判斷自己是否被侵犯了界限，如何去判斷自己是否侵犯了別人的界限，這是大家需要學習的第一點。觀察的過程當中，請大家越細緻越好。

有同學提到：「在婚姻中，老公是一個很孝順的人，他總以他的父母、姐姐為先。為了幫助他姐姐，不惜犧牲我和孩子的利益，這讓我很不能接受。」一個空泛的問題很難讓人看到問題核心。你說你的先生總是以父母、姐姐為先，其實我並不知道，什麼叫「他總是以父母、姐姐為先」。這是你的看法和評論，當時具體發生了什麼事情，我不知道。「他為了幫助姐姐，不惜犧牲你和孩子的利益」，我也不知道發生了什麼事情。

有時候，我們的認知會欺騙我們。跟伴侶吵架的時候，我們都容易把話說得很絕對、說得很極端。也許吵架的源頭是對方盛湯的時候，放了你不愛吃的蔥，然後你從「你怎麼放蔥，我說了很多次你都不記得」，一直吵、吵、吵，到最後變成「你永遠都不愛我，你從來都不在乎我的感受」。

這中間有非常多的細節，如果只把最後的結論丟出來，讓它持續地徘徊在腦海中，我們會出現一種錯覺，會非常容易陷入受害者情結中，我們的大腦只記住了最後一句話：「他永遠都

不愛我，永遠都不在乎我。」

剛才的問題中提到，「他不惜犧牲我和孩子的利益，只是為了幫助他姐姐」。也許你的感受是非常真實的，但是你仍然需要覺察，把導致這種感受的細節找出來、寫下來。整理的過程非常重要，它可以讓我們覺察到，邊界問題到底出現在哪裡。

另外一位同學的例子比較具體，她提到「我看別人的手機」，這是非常明確的侵犯別人邊界的事情。你需要把感受細化成清楚的、具體的事件。在這種狀況下，再來聽課學習原則和練習，就會容易得多。

覺察是非常有必要的，如果我們泛泛地表達問題，會出現一種幻想，以為自己是純粹的受害者，不斷被別人侵犯界限，可能意識不到自己也在侵犯別人的界限。很多人認為，我們的邊界問題是存在外面的：

我的親密關係被踐踏了，在夫妻關係中，我的另一半不尊重我；在父母關係當中，父母不尊重我們、干涉我們；在婆媳關係當中，對方的父母不尊重我們；下一輩兒子、媳婦不尊重我們。

我們經常會陷入迷思中，覺得自己好可憐，為什麼受傷害的總是我？為什麼他們會不懂邊界來侵犯我？

有一位同學提交了一個問題，他的問題很典型，他說：「老

師，如果我學習了邊界的問題，可是我周圍的人沒有學，我的另一半沒有學習，我的父母沒有學。我改變了，他們依然用過去的方式來對待我，依然會侵犯我的邊界，我該怎麼辦？我豈不是白學了嗎？我怎麼透過自己的努力來解決這些問題？」

這個問題在所有的自我成長中都會遇到。我改變了，對方卻沒有改變，最終的事情會有改變嗎？聽起來有點拗口，但是真的很多人有這個困擾。我們經常會認為，自己是純粹的受害者，我們被侵犯了邊界，我們被忽視了、被輕視了，我們沒有被對方尊重，我們沉浸在被傷害的感覺中。

在這裡需要提醒大家，無論是否沉浸在上述過程中，是否能夠理解這種關係，請大家試著用一種更開放的心態，先放下自己受傷害的感覺，試著在陳述的問題中思考：我是不是也是其中一分子？我是不是也做過類似的事情？

越親近，越傷害

生活中，跟我們關係很近的人，打擾我們的邊界最多。

我們在跟陌生人交往的時候，更容易遇到一些意料之外的事情。比如，你是一個溫文爾雅、很有禮貌的人，生活中從來不罵人，也很尊敬別人，常被人稱讚「教養好、有道德、有內

涵、有品味」。在跟陌生人的相處中，我們有很大的機率，會碰到別人用完全不一樣的價值觀、方式來對待我們。一個溫文爾雅的人，很可能被一個流氓破口大罵。

同樣的事情，如果發生在離我們很近的生活圈，代表的意義就不同了。一個修養非常好，待人處事溫柔優雅、尊重他人的人，如果在生活中，在他的親密關係、父母關係或者朋友關係中，頻繁被對方用極度粗魯的狀態，和他的生活方式完全不一致的狀態對待，這是非常不正常的現象。有一句古話說：「物以類聚，人以群分。」

人和人在一起，其實深層次是頻率的匹配。

講兩性關係時，不同的老師會從不同的角度切入，但是大家都會有一個共識 —— 夫妻在一起，如果能夠長久，那麼兩個人內在能量頻率一定非常匹配，至少差距不大。從根本上來說，他們是相配的，才能長久生活在一起，否則是不可能的。父母關係也如此。有人說，「父母不能選啊」。父母是沒辦法選，但是是否和父母長期處在比較親近的狀態，是有得選的。

我們發現，邊界問題在很親密的關係中，往往反覆出現且持續很久，而不是一兩次偶然的行為，這是一個很重要的指標。它提醒你，在這件事情上，你絕不可能是純粹的受害者，這是大家需要覺察的功課。我們要去看一看，在陳述的問題當

中，我們到底是不是純粹的受害者。

什麼是純粹的受害者？偶然發生的事件往往出現在陌生人中，你沒有辦法控制和選擇，它就發生了，它跟你沒有任何關係。這時，你是純粹的受害者。

如果它在親密關係裡（伴侶、父母、親子、朋友）反覆出現，且持續了一段時間，往往是預言和提醒。它代表在這件事情上，你不太可能是一個純粹的受害者，它代表你參與了這種惡性循環和互動。

簡單來說，你會不斷遭受別人對邊界的踐踏，可能你沒有意識、覺知到，其實你也在用類似的方式對待別人。你可能在某種程度，或者其他方面踐踏了別人的邊界，干涉了別人的生活。這種惡性循環在生活中一直持續，不僅僅是偶然事件。親密關係中的長期相互糾纏，往往都是這樣的狀況。

有同學提出一個很具體的問題。她的孩子讀二年級，作業拖沓、做不完，識字量很少，讀書跟不上，成績不好，形成惡性循環。她覺得很頭疼，她認為，「孩子沒有意識到，讀書是自己的，以為書是讀給我的」。這位媽媽又補充了一句話，她說：「孩子的睡眠品質差，一個晚上醒來三到四次，嚴重影響他的專注力，可能和我孕期的情緒不好有關係。」

練習用覺知和觀察的心態，把這位媽媽問題中的細節孵化

出來分析。這是一個純粹的受害者，還是一個惡性循環的參與者？「孩子作業做不完，讀書跟不上，他沒有意識到讀書是自己的事情，認為書是為媽媽讀的」，這樣的想法讓媽媽非常焦躁。

我們冷靜下來，從客觀的角度去看待這位媽媽的問題。她認為，讀書是孩子自己的事情。作為媽媽，是否考慮過，你反覆強調「讀書是孩子的事」，卻為何為孩子讀書的事情著急上火呢？既然是他自己的事情，為什麼你會這麼痛苦？

媽媽不希望孩子讀書是為了家長，媽媽希望孩子知道讀書是為自己讀。也就是說，媽媽要求孩子為他自己的學習負責任。但是，媽媽潛意識裡一直在把責任扛在自己的身上。媽媽後來提到孩子的睡眠品質差，一個晚上醒來好幾次，嚴重影響他的專注力。她說，這可能與她整個孕期情緒不好有關。

這隱藏了一個非常深層次的問題，也是非常普遍的問題 —— 無論社會輿論還是文化，一直在強調「媽媽天生是非常偉大的一種存在」。媽媽就是極度偉大的，不管是不是真的，媽媽們似乎都被綁架了，要活在這種偉大的輿論當中。

所以，社會上有一些不好的輿論，認為孩子出了任何問題都是媽媽的錯。孩子的身體問題是媽媽懷孕期間沒有做好。如果媽媽在懷孕期間情緒不好，影響了孩子，很多媽媽甚至可能會自責一輩子。

在孩子的成長過程中，孩子出現任何不如意的事情都歸結到媽媽身上，這是特別普遍的一種現象。這是對媽媽一種極大的精神折磨，也是很多媽媽過度的責任感和拯救心態的表現。

［越界背後是情緒］

越界不越界，有時還關乎我們如何看待自己的責任和義務。比如剛剛提到的問題，顯然媽媽越界了，越界在哪裡呢？她可能過度把孩子讀書成績的好壞，牽扯到自己身上。所以表面上看，媽媽越界了，過分關注孩子的學習成績，跟孩子的學習成績較勁。但深入一點就會看到，媽媽骨子裡其實在跟自己較勁，她在自責孕期的情緒不好，可能一直都活在對過去的懊悔當中。

在一個越界問題的背後，實際上是非常複雜的情緒反應。媽媽的問題，表面上是不太懂得如何用輕鬆的心態教育孩子；深層次思考會發現，媽媽的內在和自己關係上出了問題。她非常不自信，很容易否定自己，想要讓自己為孩子負責。很多時候，我們聽別人講話（尤其在諮商師面對個案時），如果我們冷靜觀察，會發現對方會自己告訴我們答案。

為什麼呢？因為她自己講的話也是她的潛意識，她講的話

是反話。媽媽在控訴孩子，「孩子意識不到讀書是自己的事情，總認為讀書是為媽媽讀」。其實，這恰恰是媽媽潛意識裡的控制。媽媽的潛意識裡可能認為，「孩子讀書是為我讀的；如果他的成績不好，就是我這個媽媽沒有做好」。

國內有一種這樣的風氣，我們稱之為「家長綁架的風氣」，真的非常糟糕。很多老師甚至會把孩子成績不好的責任推卸給家長。

如果孩子書讀不好，是家長沒有陪讀到位；孩子數學不好，是家長沒有輔導到位。

這是一種非常糟糕的責任轉嫁。不得不說，過分關注學校的學習成績，是現行的教育體制導致的。這不是一個媽媽、兩個媽媽，能夠改變的大環境。

生活中，媽媽們確實很辛苦。我非常理解媽媽們的難處。大環境中，做家長的更需要給自己多一些底氣，更需要客觀地去看待這種問題。

很多時候，不光是生活中的人會跨越邊界、干涉我們的生活；甚至所謂的學校、社會都會給我們壓迫。

一般人認為，孩子成績不好是家長的錯。這樣的輿論認知，也是對我們生活邊界的侵犯。它要求所有的父母都是一個模子刻出來的。如果你不關注孩子成績，你就不是一個好父

母，這是非常錯誤的輿論引導。

每個家庭的價值觀不同；每個父母的價值觀不同；甚至每個父母對自己孩子的期待也不同；每個孩子的優點、缺點都不同。可能有些孩子天生在不擅長考試，但是也許長大後能力好自己創業，成為一個非常好的老闆；又或許可以做出一些非常棒的成績，使整個社會都有所改變。

透過覺察，我們可以在問題背後發現更深層次的問題。我們可以清楚地知道自己是不是參與者。當我們一旦意識到自己不僅僅是受害者，也是參與者的時候，改變起來就容易多了。

全天下有三種事情：自己的事、別人的事、老天的事。老天的事誰也搞不定；別人的事我們改變不了；只有我們自己的事，我們才可能使結果有所改變。

如果坐公車碰到流氓司機，或者一個很粗魯的人莫名其妙罵人，這種時候我們可能無能為力，因為我們沒有辦法保證永遠不會再遇到這樣的人。

如果這樣的事情發生在我們固定的生活圈、我們的親密關係當中，這個對你粗暴的人、干涉你的人，他是你的另一半、你的父母、你的孩子、你長期交往的朋友，這件事情就有可能得到改變。別人粗暴地對待你一次，你沒得選；但是如果別人粗暴地對待你兩次、三次……十次，往往是我們的配合和成

全，別人才有機會那樣做。

所以，對這個媽媽來說，她是在自我關係出了問題。她的自我認知、自我肯定出了問題。為人父母都需要意識到，即便你非常努力，你是一個完美家長，也不可能保證你的孩子事事稱心。孩子有自己的生命軌跡，孩子有孩子的天賦異稟。

我們常說，「兒孫自有兒孫福」，講的就是這件事情。在孩子的成績上，你可以協助他，但你不能替他做主，這就是你作為媽媽的邊界。你還需要有包容和接納力，去接納孩子的成績不好。孩子成績不好有他的原因，你可以試著幫助他找原因，但是你不能替代他，不能讓孩子成績的好壞變成自己的責任，當你這樣做的時候，你就已經從越界的範圍撤回來了。

當受害者同時也是侵犯者

另一類越界的問題也非常典型，受害者同時也是侵犯者。

有同學提問：「我和老公的金錢觀不一致。我的家庭從小教育我，節儉是美德，然而，老公買東西是想買就買。我們剛借了錢買房，我想盡快賺錢把貸款還了。前幾天我發現，他又自己偷偷報了俱樂部去踢球，可是他在別的地方交過場地費了，他怕我會不同意，所以就先斬後奏了。前兩天他的跟腱受

傷了，醫生說半年不可以踢球，然後我建議他去跟俱樂部商量，是否可以退費，老公表面答應了，但實際上沒做。他說覺得不好意思，不知道怎麼跟人家講。我非常不理解，我覺得剛交了錢，還沒有使用就出了意外，為什麼不可以去跟負責人談呢？」

這個典型的問題，就涉及親密關係中金錢的邊界應該如何建立。

在講兩性關係的時候，我們也經常會遇到類似的問題。如果兩個人的金錢觀不一致，如何建立好一個舒服的、健康的邊界，讓兩個人都滿意呢？我們在婚姻中遇到的問題，大多是因為對方對金錢的干涉，或者一些生活中的小事。

誰應該做家務？

家裡共同的金錢應該怎麼支配？

我們應該給對方家人花多少錢，給我家花多少？

在家庭生活中，錢的事相當重要。剛剛提到的問題，一開始提問的同學就把答案講了出來。

個案的問題中藏著答案，如果學會用覺知的態度去重新看待問題，可能慢慢地，我們會開始懂得如何幫自己解決問題。

這位同學一開始說：「我跟老公的金錢觀不一致，在我的家庭中，節儉是美德；老公卻想買就買，他認為金錢是為了享

受服務的。」看，所有的爭論、衝突和不愉快都是因為價值觀的不同。而「不同」的源頭，表現在生活中的各個方面。我相信，你們在婚姻中，可能不僅僅是踢球的事，還有很多其他跟錢相關的事情，會讓你們彆扭和糾結。因為你們的金錢觀不同，你愛節省、他愛花錢，所以才會出現很多差異——你覺得應該節省，他不覺得應該節省。

當你只是待在自己的角度和人生觀裡時，就會覺得自己是對的、對方是錯的。你會有很多理由，比如你覺得「我想趕緊把房貸還完」、「沒有用掉這個費用我就應該退回來」。所有的這些選擇行為，你要清楚的是，都來自背後的——「節儉是美德」。你覺得「我們應該省著花錢，我們應該盡快還錢」，這一切的行為源自於自己的價值觀。

一個人的價值觀是如何形成的？它往往來自我們從小的生活環境，跟我們的原生家庭有關。

如果爸爸、媽媽從小就節儉，孩子生長在比較節儉的家庭，或者有「節儉是美德」這種價值觀的家庭裡，孩子更容易認為「節儉是美德」。如果孩子從小生活在父母大手大腳花錢的家庭環境中，孩子的價值觀可能就和問題中的老公類似。他覺得，有錢就應該花掉，想買就買。

從你的角度而言，你的想法沒有錯。你的價值觀來自你的

生長環境，你沒有做錯任何事情。你不喜歡借錢，認為借錢是負債；你認為「把錢還了就無債一身輕」；你認為錢沒有花掉，「我就應該爭取我的權利」。所有的行為都源自於你的價值觀，源自於你的經歷，它對你來說是完全正確的。

關係中，最考驗人的是與別人的互動。他是你的老公，你要跟他互動，要跟他長期生活在一起，就不能僅考慮自己的觀點。

結婚最大的挑戰是，我們不再是純粹的單身狀態，也需要考慮別人的感受，需要跟對方有一些互動。在婚姻中，無論丈夫還是妻子，都需要學會轉換角色來看待問題。

如果你從自己的身體裡跳出來，跳到老公的身體裡，我們換一個立場，完完全全站在他的立場上來看問題，也許你會發現，他也沒有做錯任何事情。可能他父母並不認為凡事都要節儉，或許你老公自己形成了這種價值觀、金錢觀。他認為，金錢是用來消費和享受的；他認為想買就應該買；他認可的節儉底線和你的不一樣，你可能覺得銀行戶頭存五十萬才有安全感，而你老公覺得戶頭裡有五萬塊也很有安全感。

總之，就是你們的價值觀不同。如果我們客觀地從自己的立場跳出來，完全進入老公的立場去看看他的世界，可能會發現，他也沒有做錯任何事情。可能在他的世界觀裡，買房子借錢比較正常，按照自己的節奏慢慢還就好了。你們又不拖欠，

並不需要省吃儉用還債，可能對他來講，這是一種很舒服的生活方式。也許對他來說，參加俱樂部踢球，是非常重要的事情。男人也有一些和女人不一樣的愛好和享受。

就像很多男人不能理解，女孩子為什麼要那麼多支不同的口紅，在他們看來，顏色是一模一樣的。櫻桃色還是桃紅色，在很多女生看來有非常大的差別，可是男生們會覺得：「不都是紅色嗎？」

如同男人無法理解女人對化妝品的需求一樣，很多女人也無法理解男人對踢球、看球、比賽、遊戲等的喜歡程度，我們可能覺得：「反正是踢球嘛，這個俱樂部和那個俱樂部有什麼差別？環境好不好，真有那麼大差別嗎？」

站在我們的立場不能理解，不代表對方的需求沒有道理或者不應該。站在老公的角度來說，花錢讓自己有一個好環境，可能對他來講是非常合理的。你們對於退款的態度不同，有人認為退款是正常需求，自己去交涉退款是完全合理的，不會覺得不好意思；但是有人會覺得，把錢交出去再要回來，是件非常丟人、不好意思的事情，這樣的態度背後，也來自完全不同的價值觀。站在對方的價值觀裡面，對方是完全正確的。於是，就會出現一些矛盾的事情。

[用四個角度跳進跳出]

有人可能會說：「老師，既然我們站在各自的立場都是正確的，而我們各自認為正確的立場會危害到對方，會讓彼此不舒服，那應該怎麼辦？」

這涉及界限問題的精髓。當我們遇到價值觀的衝突時，要用交換立場的角度去看問題。

建議大家在分析自己問題的時候，可以經常這樣練習。這聽起來好像很簡單，但當你認真去做的時候，它的力量是非常強大的。完全從自己的角色和立場中跳出來，進入到別人的立場和抉擇中，嘗試理解以下四個角度：

他為什麼會做這樣的行為？

他為什麼會做這樣的選擇？

他背後的價值觀是什麼？

是否在他的價值體系裡，他做出的選擇是正確的、合理的？

當我們有能力站在自己的立場上，又站在對方的立場上看問題時，我們會生出一種客觀感。這種客觀感是什麼？它是指事實不以我們個人意志為轉移，客觀看待兩個人的不同，接納差異，這種客觀感會帶來解決衝突、解決界限侵犯的療癒能力。

我們需要彼此尊重

我給大家的答案是尊重彼此。

如何做到尊重彼此呢？你要把事情嚴格地分清楚，是我的事還是他的事？

夫妻之間，很多時候也需要有清晰的分界。很多事情本質是婚姻中一個人的事，是丈夫個人的事或者妻子個人的事，但是另一半總認為是兩人共同的事。

有些人對結婚後「共同的事情」概念非常模糊。

很多人認為，只要我們結了婚，遇到的所有事情都是共同的事。這是個很關鍵的錯誤認知，這導致了親密關係中的侵犯界限。

在這種認知下，只要我們結了婚，錢就一起花，你賺的錢就是我的，我賺的錢也是你的；我們會認為只要在一起，我們的朋友就必須共同分享；只要我們在一起，我們所有的決定必須兩個人商量。這是一個比較偏激的觀點。

兩個人結婚後，我們擁有了結婚證書。法律上承認兩夫妻的關係，其實承認的只是物質上的經濟關係，除了能夠保障經濟上的利益關係、孩子的撫養權關係，其他的並不能保證。

在婚姻中缺乏界限，認為什麼事情都是兩個人的事，背後

缺乏的是對婚姻深層次的認知。

健康的婚姻關係，是因為我們彼此喜歡、欣賞才在一起；因為我和你在一起，我能夠成為更好的人，你也能夠成為更好的人；我們在一起相互協助，我們的生活更好了。這才是一段健康的關係，它不是捆綁的關係。

如果我們能夠意識到，婚姻不是捆綁的關係，即使兩個人結合在一起，每個人還是保有自己獨立的人格，保有對個人事件的選擇權和行為權，我們就會發現事情其實更加容易處理。

在剛才的案例中，如果提問題的同學能夠意識到，雖然她跟老公結婚了，兩個人都賺錢，都對家庭的經濟有貢獻，她的老公也有支配自己金錢的權利。尤其當涉及他個人事件的時候，比如踢球，女方應該給他更多的自主權，可能會更好。

如果女方要去買口紅，我也會建議她的老公不要干涉到底買哪一支，買一支還是兩支，因為買到的口紅是妻子個人使用。同樣，踢球是她的老公自己去踢，在這些不涉及兩個人共同參與的事情上，盡可能給對方更多的自由，是對對方個人邊界的尊重。

另外有同學說，在婚姻中老公經常會踏入她的邊界，干涉她，讓她不舒服。比如一起旅行，他們各自收拾行李，她老公總是干涉她，不讓她帶這個，不讓她帶那個。如果不聽他的

話，他就不高興；如果她聽了，她又覺得不舒服。

其實，這是一種抗衡。顯然，先生做得很糟糕，他干涉了妻子的界限。大家去旅行，一人一個旅行箱，先生自己選擇要帶什麼物品，妻子自己選擇要帶什麼物品，誰也不需要干涉誰。

我們經常會出於所謂的好心干涉對方。也許老公在他自己的角度是對的，他可能會對妻子說：「不要帶這件衣服，這件衣服太厚了。我們要去的是泰國，天氣很熱，這衣服根本穿不到。」也許他是有道理的，但是他不應該直接干涉。如果妻子覺得很不舒服，他應該尊重妻子。即使妻子帶了這件衣服，發現旅行中真的沒有用到，也是妻子自己來承擔責任。大家都是成年人，多帶一件衣服不是什麼大事，不需要干涉對方。

彼此都能夠尊重對方的領地，做各自的選擇，在不侵犯別人的情況下自己做主。自己做主非常重要。我們強調邊界，學習如何建立界限，是為了能夠在生活當中自己做主。

比如，我今天帶哪件衣服，我自己做主；我今天想去買哪件我喜歡的東西，我自己做主；我今天想去參加哪個俱樂部，我自己做主。在生活中，有越多自己能夠做主的場合，我們就越覺得自己自由；我們越覺得自由，就越覺得自己有力量、感覺好，我們也會變得越來越自信，它就會變成一種良性的循環。

提問的同學說，她打包行李時總被老公干涉，但她總是忽

略自己的感受。如果我們用覺察的心態分析一下這位同學，就很容易發現她是純粹的受害者，還是被侵犯邊界的參與者。我相信大家都可以明白，她是一個被侵犯邊界的參與者。為什麼呢？侵犯她的人是她老公，老公長期跟她生活在一起，被侵犯的事經常出現，代表妻子在某種程度上委曲求全、配合老公，這種現象才能一直惡性循環，而不是偶然發生的陌生事件。

　　參與的表現是什麼？她永遠選擇把「老公的高興與否」放在第一位，把自己的感受放在第二位，永遠都優先考慮老公的感受，這等於滋養了老公的越界行為。

　　丈夫做錯事時，妻子非但沒有建立起邊界要求他尊重，反而一次次委屈、妥協，用自己的行動告訴他：「你踏入我的邊界侵犯我，是可以被接受的。」事實是女方接受了，因為怕他不高興，所以選擇讓自己不高興。

［主動終止惡性循環］

　　我們一旦意識到自己是參與者時，首先應該感到高興。意識到自己是一個參與者，代表我們有機會改變它。

　　我們很難改變偶然的陌生事件。如果我們意識到，自己是長期被侵犯的參與者，就可能改變。從哪裡改變呢？從我們參

與的部分開始，把自己參與的部分撤掉。「一個巴掌拍不響」，你撤掉一隻手，對方頂多拍兩下，他不可能永遠拍下去，需要改變的是我們參與的部分。

當我們清晰地看到，自己如何參與惡性循環，把當時參與的動作改掉，循環就結束了。它可能沒有辦法立即結束，因為這已經持續一段時間，成為慣性。但是，只要我們能一直保持不參與和滋養對方的越界行為，狀況就會發生清晰、明確的改變。

如果你很清楚老公跨越的邊界，他是做錯事的那個人，你就知道，面對做錯事的人，我們不能當爛好人。我們需要樹立底線，要求對方尊重我們。不聽他的話，他不高興；聽他的，你不高興。

因此，你需要問問自己，對方侵略你的邊界，你會選擇「他不高興」還是「你自己不高興」？

如果處理得好，我們會發現，兩個人都不需要不高興。隨著自己內在力量的增長，我們有耐心地、溫柔堅定地溝通，從長遠來看，是可以做到的。我們既樹立了自己的邊界，又不影響兩個人的感情。你不需要難受，他也不會不高興。

在開始練習的環節，一個人建立底線，對方不高興是必然的，每個人都會經歷這個過程。就如同，有人習慣控制你了，

可以想像過去的奴隸主人，享受慣了奴隸，天天使喚奴隸做事情，突然有一天奴隸法被廢除了，奴隸開始跟主人平起平坐，那些主人的反應會是怎樣？恐怕一定會反對。我們跟身邊人樹立底線，要求對方尊重我們時，也會出現類似的情況。

當我們跟父母說「不」的時候，當我們拒絕親密關係中不合理的要求時，對方都會生氣或者不高興。他們用這樣的情緒來恐嚇我們。我們需要有心理承受能力，要清楚這是一個必經的過程。

過去你總選擇讓自己不高興，才導致自己的邊界長期不斷地被侵犯，現在我們要學會說「不」。實在沒有辦法的情況下，選擇讓自己高興，尤其在確認對方做錯事情的情況下，我們需要讓對方學到教訓，需要讓對方知道我們的底線。慢慢我們就會發現，我們不需要再忽略自己的感受，因為我們正在教別人如何重視我們的感受。

在本次訓練營中，問題最多的是關於婆媳關係的抱怨，這些抱怨往往來自媳婦的立場。比如公婆不尊重我們的小家庭，干涉太多孩子的教育等等。

還有一位同學站在婆婆的角度，講到邊界侵犯的事情，我覺得很有代表性。這位婆婆提到，在婆媳關係中，她也感受到被越界、不舒服的狀況。

兒子、媳婦要求她去帶孫子，後來她出錢替他們請了保母；可是到孩子一歲半的時候，兒子、媳婦把保母辭掉了。今年四月分，兒子、媳婦又要求她去帶孩子。但她到了兒子家之後，媳婦不跟她說話，也不理她，猜想可能是責怪她不積極主動帶孩子。婆婆提出的問題是：怎麼才能和諧地處理好我和孩子之間的關係？

她提問的視角很好。我們聽過很多孩子抱怨父母干涉自己，侵犯自己的邊界。但很多人意識不到，要是我們把話筒交給長輩，他們可能也有很多的委屈要說。站在他們的立場上，他們自己變成了受害者，也會覺得自己被侵犯。我曾經和很多阿姨輩的人聊過天，她們當了婆婆之後，經常抱怨孩子們對父母要求太高，尤其在兒子、媳婦要求老人帶孩子時，好幾個人提到，替孩子當保母，天天伺候小孫子吃喝拉撒睡，結果兒子、媳婦還經常挑剔。

這也是華人社會相當常見的現象。兩代人彼此糾纏，相互管著對方，相互控制對方，在控制背後有一份理所當然在裡面。華人社會崇尚親情文化，很多人認為，人和人越親近越好，具有血緣關係的人應優先放在第一位。

很多時候少了距離，缺乏彼此的空間。

因為血緣關係，我們似乎就變成了一個人。你就是我，我

就是你，你對我好是應該的，我對你好也是應該的。每個人都活在責任和義務中，是很尷尬的現象。

我們小時候，父母養我們，父母覺得自己的付出很不容易，自然對孩子有很多越界的事情發生。父母什麼都要管，從你上學到報考學校，找什麼樣的伴侶，什麼時候生孩子，父母幾乎把手伸到了我們生命當中的各個角落。等到孩子終於長大成人，又反過來報復父母，也把手伸到父母各個角落。

孩子覺得，既然小時候你管控我，你對我好是理所當然的，你有義務照顧我的孩子，你得替我帶孩子，你得出錢又出力。

不止一個女孩子認為，「結婚時男方父母不幫忙出錢買房子」是非常不可理喻的行為，覺得完全不能理解，覺得男方父母這樣很糟糕。

這背後是父母和子女之間雙向的「理所當然」心態。

請大家注意，當我們有「理所當然」心態的時候，就沒有任何邊界可言，因為理所當然就是「你就是我，我就是你；你的就是我的，我的就是你的」。在認知中兩個人都已經重疊了，還何談邊界？

建立邊界首先要拆除的就是「理所當然」

在親密關係中的問題也同樣。很多人覺得只要我們結婚了，你的就是我的，我們怎麼花錢應該我說了算，我怎麼帶衣服也應該你說了算，相互之間糾纏不清，這背後都是理所當然。

你是我老婆，你怎麼不聽我的？

我嫁給你，你怎麼不聽我的？

你是我們家的人，你怎麼不聽我的？

我生你、養你，你怎麼不聽我的？

我們有特別多的心理語言在背後運作。總之，就是用「理所當然的態度」做著控制別人人生的行為。慣常的思考習慣是：「你為什麼不聽我的？」、「你為什麼不按照我的想法來生活？」

建立邊界感、樹立邊界的第一大敵人，是「理所當然」的感覺。

無論父母，還是孩子、夫妻，從本質上來講，我們沒有任何資格對另外一個生命說理所當然，我們也沒有任何資格讓另外一個生命完全聽我們的。我們需要建立起健康的心態：這個世界根本不存在任何理所當然。

所有的關係都需要創造空間、創造距離、彼此尊重。

心念改變是邊界課程最核心的內容。

希望大家能夠體會，理所當然的心態帶來的控制和干涉，還有去掉這種心態創造出的空間距離和對對方的尊重，對於我們建立邊界多麼重要。

課後思考

請大家根據課堂上講的內容，包括案例的分析，寫一篇對於邊界問題的心得。

你聽了這堂課有哪些心得？

你想到了哪些？

對於生活中遇到的問題和事情，你有哪些新的感悟和靈感？

第二課
父母關係、親子關係的界限

親子關係是父母關係的翻轉、延續、輪迴

　　父母關係是構成原生家庭最重要的結構。很多其他方面的問題，往往源於父母關係問題沒有處理好。在父母關係中界限不清，會造成各種糾纏、衝突。親子關係則是下一個循環。

　　父母關係和親子關係，是非常微妙的、一體兩面的關係。實際上，親子關係在某種程度上是個偽命題。我們應該如何面對我們的孩子，其實特別簡單 —— 把角色調換過來即可。親子關係是父母關係的一種翻轉、延續、輪迴。我們從孩子變成了父母，而我們的下一代變成了過去的我們。父母關係和親子關係是非常微妙的一對關係，我把它們看作孿生關係。

　　真實生活中，在親子關係中出現問題的人（比如跟兒子、女兒處理不好關係，在教育孩子的路上跌跌撞撞，出現各種問題和不良情緒的人），往往在自己的父母關係上也沒處理好。它們是一對雙胞胎，是一體兩面的，就像鏡子的正反面。

　　一個人的父母關係處理得特別好，不太可能在親子關係上手足無措；一個人跟孩子的關係非常融洽、舒服，也很少跟他自己的父母有問題。單方面的問題幾乎不存在。

　　參加這次訓練營的同學們，回饋了很多在父母關係和親子關係上的界限問題。有些問題在生活中很常見：

父母隨意進入孩子的房間；

父母隨意處置孩子的物品；

父母輕易地評判孩子的生活，幫孩子做決定；

父母干涉孩子小家庭的家務事，參與下一代的教育等。

很多父母在自己的小家庭中，可能也受到孩子的干預。

孩子進入青春叛逆期時，可能也會反過來控制父母，他們的孩子成年後，也會嚴重干涉老人的生活。

華人「家文化」為主的親情文化下，家庭當中最容易出現父母和孩子界限不清。小時候的我們和中年的父母，以及中年的我們和老年的父母，彼此糾纏的狀態很常見。文化環境會使我們覺得，父母和孩子是非常親近的，我們感受到很多親情上的滋養和天倫之樂。

但是，這有一個弊端：界限不清楚，大部分人會有過度親密、過度黏著、過度交纏在一起所帶來的困擾、壓抑和不自由的感覺。

［空間界限］

這節課主要分享兩個經驗：在父母關係和親子關係當中如何建立界限，還有需要建立哪些界限。

第一個需要建立的界限是空間上的界限。

空間上的界限非常重要。生活中，我們經常會受到空間上的侵犯。

有同學提出，她父母會隨意出入她的房間，從不敲門。

這是一位已經結婚好幾年的女同學，因為一些原因需要跟父母長期住在一起，但是她的爸爸、媽媽和公公、婆婆，好像都沒有邊界感，隨意出入她的房間，無論白天還是晚上，都不敲門。甚至有時候，她晚上在自己的床上睡覺，早上一睜眼，發現婆婆站在床頭，嚇了一大跳。可想而知，那個場景有多尷尬、多難堪，多麼令人不舒服！

還有同學說，她給父母準備一份自己家裡的鑰匙。父母覺得鑰匙交給他們，子女的家就等同於父母的家了，經常連招呼都不打，隨時出現在子女家裡，沒有給他們任何心理準備。

外出上班的時候，父母拿著鑰匙來了，幫子女洗洗衣服、收拾家裡；或者子女在家時父母來了，送點水果，看看自己的孫子。這些是非常常見的父母這輩在空間上的侵犯，給人帶來一種極大的壓迫感。

家是我們心靈的港灣，是最安全、最放鬆的地方。如果家裡沒有一個空間完全屬於自己、可以完全放下包袱時，會有一種持續的焦躁充斥在生活裡。我們沒有任何時間可以徹徹底底

放鬆，是一件很恐怖的事情。

很多人即使成立了自己的小家，在家裡還是不放鬆，沒有完全屬於自己的空間，這在本質上是很不健康的。

如果我們去問父母：「為什麼不敲門？」甚至還可能勇敢地跟父母說：「我覺得你這樣讓我很不舒服，媽媽你下次可不可以敲門？」

當我們這樣講的時候，可能有部分父母是完全不能理解的，會想：「你怎麼不理解我的一片好心？我是你媽媽，我會害你嗎？我是你的親生父母，我這樣都是為了你好，你以為我願意來你家嗎？我還不是關心你、照顧你嗎？」

父母可能有一大堆看起來非常美好的理由，比如「我愛你，我關心你，我犧牲我的時間來照顧你」。

很多上一代人缺乏對個人空間隱私保護和尊重的意識。

我讀高中的時候，有一年住在學校宿舍。我們宿舍木頭門上有一個小窗戶，大家很想把小窗戶蓋上。蓋上窗戶，晚上睡覺會比較有安全感。但是，學校不允許這樣做，學校以保證安全的名義，要求窗戶都要保持開啟。從宿舍外面，透過透明玻璃可以看到裡面。

宿舍老師有男有女，經常是男老師查房。有時已經熄燈了，躺在上鋪的同學，會看到門外的窗戶上有一個男老師的

頭，幽幽地從小窗戶探進來。現在想想，覺得極其恐怖。當時的我們，已經感覺非常不舒服、被侵犯了。

我們去機場排隊，會發現有人下意識地貼我們很近，也是對個人空間的侵犯。我們回到家，關上防盜門，牆壁成為自己的空間。當我們肉身走到公共場所的時候，身體周圍就是一個空間。很多人完全沒有概念，即使貼別人特別近，他們也不會覺得不舒服。這種公眾意識，可能需要幾代人一點點地培養。

每一個人的生命都很短暫。在自己的人生中，尤其跟我們親近的父母、孩子，我們需要堅定建立空間的界限，保證在空間上有較好的保護。

針對空間界限，我提出一些解決方案給大家。

先談父母關係。

如果父母出現空間上的侵犯，比如隨意進入你的房間或房屋，讓你感覺很不舒服，你需要仔細想想，兩代人是否可以不住在一起。

很多家庭迫於生活的問題，比如照顧孩子、經濟問題等，可能確實沒有辦法，必須跟父母住在一起。你先判斷一下自己家的綜合條件，是否可以跟父母不住在一個屋簷下。如果能不住一起，問題就好解決，因為我們從物理空間上，天然製造了界限和屏障。

　　但是，有可能想盡辦法，你也不能跟父母分開住，兩代人必須住在一個空間下。

　　這時候，你需要主動地、慢慢建立起空間的界限。如果父母經常不敲門，直接出現在你床邊，你需要跟父母談談，告知你的感受，讓他們知道這種行為讓你很不舒服。

　　在這裡，我仍然強調，我們跟任何人在練習建立界限的過程中，我鼓勵大家去談，我所說的「談」是溫柔而堅定的，溫柔非常重要，不要有情緒。帶著情緒，就不是談心和溝通，而是吵架，是不會有好結果的。

　　所以你要有耐心、和顏悅色地去表達立場和感受，要讓父母清楚你心裡的想法和感覺。

　　然後，試著在自己的門上，裝一個插銷，幫助自己建立明確的空間感。你們夫妻住的主臥室，白天開啟，晚上睡覺的時候把插銷插上，父母想進也進不來，這是一個很好的方法。也許剛開始，父母會生氣，甚至會吵鬧，覺得你把他們當外人。你要忍住，告訴自己「這是一個過程」；告訴自己「我正在爭取自己的權利，現在的這些負面情緒是一定會發生的，我要挺住，在精神上堅守住」。

　　同時保持好的情緒，一遍遍告訴父母：「這件事情是保護我自己，我並沒有想要侵犯你們，我不是不愛你們，請你們能夠理解。」

多做幾次溝通後，大多數父母是可以接受的。很多家庭可能會經歷衝突的過程，也有些家庭很容易就建立界限。我們要行動，要接受這短暫的「不高興」。

如果你的邊界已經被嚴重侵犯，你已經非常難受，相當於你在家裡已經被奴役了很久，你是一個被壓迫的狀態。現在，你要爭取自己的權利，這本質上是一種抗爭。所以，我們開始跟父母或伴侶談，一定會遭到對方的反對。

你在向對方要回本來屬於你的權利，而對方已經控制、干涉你很久，不會輕易地、高高興興交還給你。如果對方非常好說話、尊重你，也不可能干涉你這麼久。對這個過程的長度，大家要有心理準備。

有些人會花好幾個月，甚至半年、一年的時間建立自己的各種邊界。這半年、一年的堅守努力，可能換來未來人生幾十年的光明和自由，它是很有價值的。

如果有條件，就跟父母分開住，建立空間界限。如果沒有條件，就跟父母談，告訴他們你的感受，請他們尊重你。如果他們還不尊重你，把你的房門上一道鎖，或者把鑰匙收回來。在衝突的過程中，向父母表達你的愛，耐心地、和顏悅色地解釋原因，不要帶著情緒吵架，堅持住，慢慢就會得到你想要的結果。

[小空間是你的能量補給站]

我們建立空間界限時，還可以做另外的事情。在現在的住所，創造一個獨屬於自己的小空間。

很多人即使家裡的房子很大，條件特別好，甚至住在三層的別墅，在家裡也沒有完全獨屬於自己的個人空間。這其實是很嚴重的事情。很多人一直處於消耗狀態，就是因為即使是在自己家裡，也永遠在扮演著各種角色 —— 子女、父母、配偶，沒有完全屬於自己的能量補給空間。

我建議，每一個人在家裡都應該創造出一個獨屬於自己的個人空間。

哪怕只是一個很小的角落，只有一平方公尺或者單人沙發的大小，哪怕只有一個書桌，也要有一個小小的、僅屬於你的空間，你可以按照自己的心意來布置，就像單身時一樣。

如果你喜歡花，可以放一束很漂亮的花，或者點一些蠟燭，並且告訴自己，每當你來到這個空間，你就完全屬於你自己。每天至少花十分鐘的時間，待在獨屬於自己的空間裡面補充能量。在這個空間裡，放下所有的角色 —— 配偶、父母、兒女、員工、同事等，把所有的角色面具都摘掉，讓你獨屬於你自己。

其實你什麼都不需要做，只需要在自己的空間裡，安安靜靜地跟自己待一會兒。

如果有些人很忙，實在沒有時間，就犧牲一點睡眠的時間，在全家人都睡著的時候，到自己單獨的小空間，讓自己待一會兒靜一靜。

你要自己創造時間，在你的小空間裡面待一會兒，每天十分鐘，會發現自己越來越有力量，越來越跟自己連線。

這是重新建立自我連線的好辦法，它幫助我們慢慢地壯大能量，慢慢地讓我們在肉身的周圍，有一層獨屬於自己的能量氣場，創造出能量上的空間來保護自己。

同樣，親子關係是父母關係的一體兩面。

在親子關係上，也應該明確和尊重孩子的空間界限。不要認為孩子小，什麼都不懂，什麼都不需要。

孩子除了身體小，在人格、精神上，和成年人是完全平等的。

做父母的也曾經是別人的小孩，在面對親子問題的時候，更要時常跳進、跳出，站到孩子的立場上體驗。

父母需要給孩子空間上足夠的界限感，保護孩子的空間。即使孩子年齡小，父母也不應該隨意出入孩子的房間，如果他是一個穿尿布的嬰兒，還不會說話，就另當別論了。當孩子能非常完整地獨立表達意識時，我們要有意識地尊重孩子。

即使孩子只有五六歲，我們進入孩子的房間也應該敲門，請求孩子同意。這可以幫助孩子，在他房間或其他地方建立獨屬於他的空間。告訴孩子：「這個小空間是獨屬於你的，可以完全按照你自己的心思布置。如果你的空間很亂，但你不想收拾，媽媽尊重你。因為在你自己的小空間裡，你是可以完全做主的。」

孩子如果能有這樣的空間，就會非常舒服，也會有一個自己休息和補充能量的地方。我們需要跟孩子商量，如果他願意接受你的建議，那就幫他建一個獨立空間；如果孩子聽不懂、不在意，那也不用強求。

這是非常重要的第一個界限 —— 空間界限。

［經濟界限］

跟父母建立的第二個界限是什麼？是經濟上的界限。

有位女性朋友跟我抱怨，結婚時跟父母發生了很多衝突。她的老公家庭條件沒有娘家好，在婚禮、買房、裝修時，主要用的是女孩父母的錢。剛開始，女孩心裡挺感激，覺得自己父母做得很好，在小家庭裡挺抬得起頭的。但是，後來父母太愛指手畫腳，不光她的先生受不了，連她自己也受不了了。

　　女孩和老公的新房裝修時，小倆口有很多自己的想法和創意，但幾乎全被父母否定了。父母對裝修的所有細節都要干涉：地面要用木地板還是瓷磚地板；哪個隔斷要打掉，哪個隔斷要留下來；馬桶要用哪個牌子；廚房要裝幾個水龍頭等，事無鉅細都要參與。尤其女孩的媽媽，干涉更嚴重。

　　她跟我控訴的時候，我印象特別深。她說：「曉雅老師，你知道嗎？因為一個細節我當時都要崩潰了。我連選窗簾顏色，都要按照媽媽的心意來，我選的顏色她就是不同意，她覺得很難看。我非常難過，甚至這個房子都不想要了，沒有一個地方是喜歡的，不想住進去，我覺得這是媽媽的新房，不是我的新房。」她認為自己父母太不可理喻了，對她的界限侵犯已經到了無法容忍的地步，她完全不能理解父母為什麼會那樣。

　　我跟她講：「其實很簡單，因為所有這些錢都是你媽媽出的。有句話叫『吃人嘴軟，拿人手短』，說的就是這個道理。」當時，她目瞪口呆地看著我，因為她從來沒有這麼想過。在她的心裡，父母應該是無條件愛她的。對現在的年輕人來講，父母買房很正常，所有人結婚不都是父母買房、裝修嗎？只不過她家不是婆家出錢，而是父母家出錢。她當時說：「我媽媽是樂意的，我又沒有逼她，她心甘情願要替我出這個錢。」

　　如果大家去分析，就會發現在這個女孩心中對父母有很多理所當然的心態。她覺得父母理所當然應該幫她出錢買房、裝

修。這種心態導致她認為父母應該理所當然地、無條件地支持她，應該既出錢又不干涉。可是，這樣的父母少之又少，替你付出而不要求回報的父母，全天下的孩子都喜歡、都在找，但這樣的父母是可遇不可求的。

我告訴女孩：「顯然你的父母還沒達到『替你付出而不要求回報』的境界。他們願意為你付出，但同時還有控制在裡面。媽媽的心態很容易理解，這些錢都是她花的，當然要按照她的心意來了。如果看不慣，就要指手畫腳，就要參與。這就是為什麼父母有權利、有資格長期干涉你的生活。因為父母在金錢、精力上付出了太多。所以很多父母天然就有一種理所當然的心態，既然自己為孩子付出了這麼多，孩子還不應該聽聽自己的意見嗎？」

如果我們採訪她的父母，也許父母也一肚子委屈，覺得孩子太不懂事，竟然不知道感恩，竟然不知道父母付出這些多麼不容易，父母幫她挑窗簾多麼累。

換一個立場，跳進孩子的身體，父母覺得孩子的委屈很真實；同樣，跳進父母的立場，你會發現父母的干涉好像也有道理。

如何解決這個問題呢？有效的方法是在經濟上建立和父母的界限。

從觀念上我們需要清楚，父母的錢並不是我們的錢，我們

的錢也不是父母的錢。把理所當然都盡可能去掉，這世界上沒有理所當然。

在生活中，如果父母對你有過度的參與和干涉，並且父母非常理直氣壯地認為自己有資格干涉你的小家庭，那麼你就會發現一個很明顯的特點——父母要麼在經濟上給予你們的幫助很多，要麼在精力上為你們付出很多。

一般來講，為孩子出錢、出力最多的父母，往往是最容易去控制的父母。

如何建立起這種經濟上的界限呢？

我們成年後，建立了小家庭。如果在經濟上不能完全保證不接受父母的幫助，你需要清楚，父母的幫助並不是理所當然的，你需要在心理上、口頭上給予父母足夠的感恩，這一點非常有效。

根據我過去的個案總結，很多父母經常用「自己對孩子好」來要挾、控制孩子。父母對孩子好，孩子也許心裡很感動，但嘴上從來不說。

父母沒有收到他們想要的回報，就會用控制來索取。

父母可能省吃儉用，含辛茹苦地把孩子養大，給孩子買最好的衣服、上好的學校，自己很節儉卻把錢都給了孩子，精力上也盡可能幫忙，但是卻收不到孩子的回報。

第一，沒有收到孩子經濟上的回饋。比如孩子在自己工作賺錢之後，沒有給過父母錢。

第二，孩子也沒有買禮物孝敬父母。

第三，孩子沒有經常在口頭上表達對父母付出的感恩和感謝。

當這些都沒有的時候，跳進父母的身體，會發現父母心裡的不平衡，會覺得養這個孩子只有出沒有進。

在這種情況下，父母更容易無意識地想要去干涉你的生活，來找回一些控制感。比如，「你家裡的事要聽我的；你的重大抉擇要聽我的」。這樣，父母會覺得自己的付出是沒有白費的。

如果在經濟上你確實拿了父母很多，要跟父母建立經濟上的界限，就要盡可能地停止向父母索取，同時在經濟上給父母一些回饋。

從「要錢」反過來變成「給錢」，你們之間心理上的位置會發生很微妙的變化。

在物質和精神上回饋父母

有個女孩，她覺得自己跟媽媽關係非常親密，像姐妹一般，彼此誰都離不開誰、特別貼心。但是，她覺得有一個問題：媽媽經常干涉她。媽媽今天覺得廚房有問題，明天覺得衣櫃有

問題，經常買很多食物給她，要求她按照媽媽的規則擺放在冰箱裡，比如乾貨應該擺在哪一層、豆類應該放在玻璃瓶裡面。她特別煩躁，問我應該怎麼辦。

我問她：「你媽媽買這麼多東西給你，你有真誠地表達過感謝嗎？」她說：「我們很親密，不用那麼見外的！」「感覺你對媽媽不需要感謝，對嗎？」她說：「對，我們關係這麼近！」

然後，我又問了一個問題：「你媽媽天天買好吃的給你，你會買給媽媽嗎？」她說：「我媽不要。我媽媽總說她不要，我要買給她，她也不要。」我說：「你買過嗎？」她回答說：「我每次要買她都不要。」我追問：「你買過嗎？」她說：「我沒買過。」我給了她兩個方法。第一，口頭上表達對媽媽的感謝。即使自己心裡明白，也要看著媽媽的眼睛，真誠地表達出來。第二，從今天開始，不管媽媽讓不讓你買，自己要開始有規律地多買東西給媽媽，不要空手去媽媽家，大包、小包多帶點，哪怕買點水果、買點菜，哪怕買條圍巾，時不時多帶點禮物送過去。

通常我們會發現，媽媽沒有想像中那麼拒絕。她說她不要，其實她是需要的。

後來，女孩按照我說的方法去做了。

我問她感覺如何，她說：「曉雅老師，我大包小包拎到我媽那兒的時候，她開心得整個晚上都在笑，雖然她嘴上說我客套，但是我發現她很高興。她遇到周圍鄰居、跳廣場舞的姐妹

們，看見誰就跟誰說：『我女兒買了哪兒的紅棗給我，我女兒買了什麼好的東西。』」

她覺得這招太管用了，「要是早知道僅僅給媽媽多買點東西，就能夠讓她對我和顏悅色一些，那豈不是太簡單了！」

其實就是這麼簡單，父母也是正常人，需要你在心意上向他們表達愛。我們盡可能停止向父母索取，並且在自己能力範圍內，盡可能回饋父母，就會慢慢地改變和父母之間微妙的控制關係。

還有個女孩，大學剛畢業。她跟我說，她的媽媽總是控制她，每天早餐規定她吃什麼、每天定時叫她起床，她覺得媽媽實在太煩了。

我告訴她：「你現在二十幾歲了，大學畢業了，每天還要媽媽叫你起床，幫你做早餐，還要爸爸開車送你上班。然後你還嫌棄他們控制你。你可以試著下一次自己按時起床，早起一會兒，自己做早餐，然後也一起做好爸爸媽媽的早餐，再自己去上班。堅持做一個禮拜，看看你媽是否還嘮叨。」

兩天後她說：「老師，不用一個禮拜，我做了兩天，我媽對我態度就很好了，也不再挑剔我。媽媽很內向，羞於表達自己內心的情感。但是我才做了兩天，她竟然跟我說謝謝了。這簡直是太陽從西邊出來了，我從來沒有想到。」

[物質和行為界限]

前面說的是經濟上的界限，接下來看物質上和行為上的界限。

比如前面剛提到的例子，我們每天一邊吃著父母做的飯，一邊挑剔父母不尊重我們的飲食習慣，這其實是沒有力量的。

除了經濟上的界限，我們還需要和父母建立起物質上和行為上的界限。父母控制我們的根源是什麼呢？是因為他們出錢又出力。我們建立經濟上的界限，把出錢的問題解決了，還需要解決出力的問題。

很多父母願意給孩子出力。孩子小的時候，幫孩子整理東西、買衣服、洗衣服；等到孩子建立了小家庭，父母依然願意這麼做；在子女生了孩子有了下一代之後，父母還會經常幫子女帶孩子。

在幫孩子、愛孩子的名義下，有些父母容易出現一些侵犯孩子邊界的行為。父母為你做了很多消耗精力的事，那是一種付出和給予。有時候父母做得太多，會下意識地去干涉我們。只要接受父母幫忙，那這樣的糾纏和干涉就很難斷掉。

父母幫我們，我們享受了很多利益和便利。雖然我們在生活中會受到一些侵犯和干涉，會失去一些自由，但是與此同

時，我們也享受了很多好處。父母的一些行為會給我們帶來極大的舒適感，會讓我們有惰性、依賴。但是我們又很不喜歡父母干涉我們，希望父母既能幫助我們，又能給我們空間，做完工作把嘴閉上，離我們遠遠的。

這樣的狀況，如同經濟上的界限一樣，我們希望父母出錢、出力，但是不要干涉，這樣的父母有沒有？也是有的，但是非常少。

這樣的父母必定是自我關係建立得非常完善的人，是非常高頻、能量很強、極度愛自己的人，他們的內在循環非常順暢，有自己的人生，願意幫助別人又不求回報。他們幫別人、幫孩子完全出於滿足自己的需要，付出本身能給他們帶來天倫之樂的心理滋養；而非受害者情結，覺得自己是有責任必須幫孩子出錢、出力。

這種高頻、高境界的父母，確實能夠做到既出錢出力的同時，又能給孩子足夠的尊重和空間。

但這樣的父母可遇不可求，非常少見。

如果父母很干涉你，代表你的父母不是前述那種，你並沒有那麼好的運氣。父母關係和親子關係是一體兩面的，像一個鏡子的正反面。

我們作為孩子，渴望自己擁有非常棒的、可遇不可求的、

高境界的父母；我們作為父母，開始新的循環，面對下一代的時候，很多父母也渴望自己有一個高境界的、可遇不可求的、非常難得的孩子。

如果你的孩子能做到這樣：

既懂事又上進；

身心健康；

知道感謝父母；

不給父母添麻煩；

成年以後還能給父母經濟上的回饋；

在父母的大家庭裡出錢又出力；

同時不控制父母、不干涉父母，給父母很大的空間；

做完事、給完錢就走，在父母需要的時候來，父母不需要的時候就離開；

不隨意評判父母的生活，還經常地讚美父母。

作為父母，你會不會覺得太幸福、太幸運？父母都希望自己有個這樣的孩子。

當你反思自己的父母關係和親子關係的時候，當你覺得父母好像沒有達到你期望的標準時，你也要用這樣的標準來檢測一下自己，你是不是可遇不可求的孩子？你成年以後是否做到

出錢又出力，給父母空間，不干涉、不控制，能夠讚美父母，讓父母特別滿意？

當你按照這個標準來衡量自己時，會發現這個標準好像有點高，好像你也不是這樣的高境界、高頻的孩子，你沒達標。如果你沒有達到這個水準，你發現父母也沒有達到這個水準，那麼恭喜你──這種現象是正常的，說明你跟你的父母都是同頻的人。

同頻才會聚在一起，無論夫妻、父母還是孩子，都是如此。

誰不適誰改變

這樣的狀況，是否有解決方案呢？

所有的關係中，誰不適誰改變，誰在意誰改變。

如果你認為父母嚴重侵犯了你的各種界限，對你不夠好，可以遵循以下標準：

第一步，先覺察。看看自己作為孩子，是否達到你渴望的標準。如果你沒有達到，那代表你跟你的父母是很匹配的。

第二步，多觀察。觀察你想改善的關係當中，你處於什麼樣的位置。如果你處於孩子的位置，你要做的是努力讓自己成為「好孩子」，成為高頻的、讓人舒服的、每對父母都渴望的好

孩子。對你的父母盡可能地出錢、出力，不干涉，多讚美，給他們空間。

當你開始這樣做時，你們之間的關係就開始發生微妙的變化，因為你的頻率上升了。

我們給孩子的角色打分數，可能你以前只有六十分，當你開始向八十分、九十分努力時，你角色的分數可能就能提升到七十分、八十分。

你的頻率改變了，你跟父母的互動效果，都會跟著改變。

如果我們是惡性循環的參與者，只要我們改變參與的部分，就可以改變惡性循環。同樣的道理，我們和父母的關係，一方的改變從長久來講會帶來另一方的改變。父母跟你有交集的地方，就是可以改變的地方。當你把自己的頻率和水準提升了，自己的分數提高了，慢慢會發現，跟你相處的過程當中，父母的認知也改變了。

如果以前你是索取的狀態，現在索取變成付出，父母用來應對你索取的心態和行為，慢慢也會得到調整。

本質上，我們有可能透過提升自己的頻率，間接提升父母的頻率。

當然，有些父母也有可能是頑固不化、一輩子不變的。當你提升之後，你的改變是由你自己內在狀態的改變帶來的。

　　我們沒有辦法決定別人如何對待我們，但是我們可以決定自己如何看待別人的行為，以及如何對別人的行為做出應對的選擇和解決方案。

　　改變物質和行為上的界限，我們需要慢慢地拒絕父母提供的一些非緊急、非必要、多餘的幫忙。並不是說，對父母的幫忙都要說不，而是慢慢讓自己強大起來，在拒絕幫忙的同時，要表達對父母的感恩。

　　我有一個個案：全家都是語言相互攻擊的模式，爸爸、媽媽、孩子三方都不說好聽的話，他們的日常相處就是互相攻擊。父母批評孩子「衣服沒有品味」；孩子批評爸爸「這件事情處理得很糟糕」；爸爸批評媽媽「妝化得不好看」。

　　他們全家都是這個模式，他以為這樣很正常，並且覺得「謝謝你、我愛你」這樣的語言太肉麻，不需要講。

　　我跟他探討：「每一種語言都有能量。為什麼宗教的人士會唸咒語？很多宗教信仰的咒語，本身的語言能量是非常正向的，所以它是有意義的。」你聽到一個人對你講「我愛你」，和聽到一個人對你講「我討厭你」，你更接受哪一種？這兩者能量差別非常大，這就是語言的力量。

　　我們需要表達對父母的感恩和愛。有人喜歡用行動表達，覺得語言並不能夠替代行動；但是行動也不能夠替代語言。我認為兩

者都需要。我們需要對家人做出好的行動，同時語言也要跟上。

華人社會在愛的表達方面是非常缺乏的，每一個人都需要改變。

有時，父母干涉和控制我們，潛意識裡是父母的一種索取。

［我們需要表達愛］

大部分父母在撫養孩子長大時，付出了很多艱辛，父母也會有委屈感。這也是為什麼很多父母跟孩子生氣時就會說出「我付出這麼多，你都不明白我的好意」。他們在反覆強調他們的好。

在某種程度上，這種情況會代代相傳，無論父母還是孩子，在血緣關係中都非常缺乏愛的表達，我們並不清楚對方是不是愛我們。

為什麼愛的表達如此重要？「人心隔肚皮」，這句話經常被用作貶義的表達，代表人和人相處有心機、不夠坦誠。其實，它是中性的表達。

每個人的內心都有一層肚皮隔著，這是天然的物質界限。有時候，如果對方沒有很清楚地講出來，我們並不明白對方真實的想法，這就是語言和溝通的意義所在。有時候，如果對方

不講，我們可能會非常困惑。所以，愛的表達是很有幫助的。

我們要告訴父母：

我很感謝你對我的付出；我理解你的用意。

當你越頻繁地跟父母表達這些時，越容易看到他們焦躁的情緒安定下來。

很多父母過度參與，是因為心理上真的愛孩子，並且在控制孩子的背後，因為自己內在空虛，想讓孩子跟自己近一點，填補自己的空虛。

當我們能夠表達對父母的愛和感恩的時候，可以直接給予父母能量，能夠幫助他們多一些能量來填補空虛，這是非常有用的方法。

表達感恩和愛時，不要說類似「我這是為了你好」這樣的話。這是一句很要命，帶給人負擔的話，無論對父母還是孩子，不要經常說「我是為了你好」。我們要直接表達自己的感受，比如「我愛你！我想這麼做是因為我有……樣的想法；我很感謝」。

這些話要用第一人稱來說。

「我為你好」這是很不負責任的說法。「我為你好」往往是假象，是虛假的，感覺如何才是真實的。

有些父母在孩子的成績問題上，會說：「我督促你學習是為了你好，要不然你長大找不到工作怎麼辦？」這話聽起來好像很

有道理，但如果仔細分析，你會發現，其實這來源於家長的恐懼；不是為了孩子，而是為了滿足家長自己。

　　為什麼呢？因為孩子如果成績不好，家長會焦慮。家長擔心孩子找不到工作，自己沒面子，以後可能還得養著孩子；如果孩子前途不明朗，可能會連累家長，在未來還得為孩子負責。

　　本質上所謂的「我為你好」，其實背後可能都是為自己。它是假的，才會那麼沒有力量。很多人在聽到親人說「我為你好」的時候，好像理論上覺得對方確實是好心，但是你的感受卻很難受、很抗拒，覺得很不舒服。

　　我們的潛意識比我們更能夠看得到本質。我們需要在行為上拒絕父母的幫助，在口頭上表達對他們的愛和感恩。這是我們跟父母建立行為和物質上界限的重要方法。

　　我們需要克制父母出錢、出力給我們帶來的舒適感，控制住我們自己的依賴。這就有點像溫水煮青蛙。當你對父母的幫助習以為常後，你會有一種很強烈的依賴感。你覺得父母和你是世界上最親近的關係；同時他們對你這麼好，我們很難拒絕。長期如此，你會發現你沒有自由。

　　所以，大家要在改變的過程中，忍住舒適度和便利的享受。否則，你會一直貪圖享樂，沒有辦法真正「斷奶」，也可能會在未來的日子不斷受到父母的干涉。快堅持不住的時候，你很容

易向父母求救。這時你需要提醒自己：

你為自己得到的便利和舒適付出的代價是什麼？

這個代價是你願意承受的嗎？

這種享受也許是用你的自由換來的，也許是用長期壓抑的情緒換來的。你要問問自己，哪個對你更重要？

世界上有一種冷，叫「媽媽覺得你冷」

建立物質和行為上的界限，在親子關係上也是同樣。

作為父母，對待孩子時，無論他多小，我們都需要尊重孩子物質上的處理權。比如，父母給孩子買了一個玩具，過兩天因為其他事情要懲罰孩子，就把這個玩具收回去，這是典型剝奪孩子權利的表現，是非常糟糕的。你既然送給他，那就是孩子的，他是有權利自己處置的。

就像我們成人世界，你不可能今天送朋友一個東西，然後明天朋友說了一句讓你不高興的話，你就要把禮物收回來。為什麼我們在成人世界不這樣做，卻對孩子經常這樣做？這是沒有道理的。

還有一些類似的狀況。我們成年以後，自然會有隱私的意識，需要父母尊重我們。

　　有同學跟我反映，父母經常沒經過他的同意就收拾他的東西、翻他的抽屜等，他對此很不高興。很多父母對待孩子就是這樣粗暴，認為孩子不應該有祕密；如果孩子有小祕密，就會感覺很憤怒，覺得怎麼能夠瞞著父母呢？

　　有些家長甚至會隨意翻閱孩子的日記。曾經有過一起因為家長不尊重孩子的隱私，翻看日記，拿日記當中的內容質問孩子，最終導致孩子心理承受不了，跳樓自殺的慘案。

　　孩子出現心理上的憂鬱、自卑或者非常叛逆的行為，大多都與父母越界行為有一定關係。很多父母會粗暴地決定孩子吃穿用度，決定應該怎樣整理孩子的房間，應該怎樣安排孩子的時間。

　　對此，我們可以採取一些措施來改善。

　　給父母的建議是：跟孩子相處的時候，多問意願，少直接決定；多給建議，少下命令。

　　經常看到很多父母用兩套完全不同的標準對待自己和孩子。比如，父母可能平時也因為貪圖口腹之欲，經常沒事喝個小酒，或者大吃大喝。

　　但是在面對孩子的時候，養生的標準非常嚴格，要求孩子必須吃綠色蔬菜，必須吃水果，一天喝幾杯水。回頭看看父母自己，可能一天也喝不了一杯水，一週也吃不了兩頓綠色蔬菜，這是兩個差別巨大的標準。

你自己不遵守的規則還要強加給孩子，這是非常沒有道理的。

這樣的父母往往是用一種「我為你好」的態度和價值觀要求孩子。很多父母會反覆糾正孩子看書的姿勢，為了防止孩子近視，每天像咒語一樣地囑咐孩子。但是，父母小的時候，可能也特別喜歡歪在床上看書的感覺。

網上流傳著這樣的話語：「為什麼大人都不挑食？因為大人買的都是他們愛吃的東西，做飯的權利在媽媽手裡，所以媽媽都是買自己愛吃的。」

孩子當然要挑食，因為他不喜歡吃卻被迫要吃。世界上有一種冷，叫「媽媽覺得你冷」。這些都是孩子的心聲。

生活中有很多小事需要改變。當我們掌握了界限的精髓，當我們能夠平等地看待這三代人 —— 父母、我們、孩子，把彼此看作獨立、平等的生命個體，很多問題就容易解決多了。

這樣的心態和「理所當然」的心態完全相反，會有一種非常美好的感覺。

父母為你出錢、出力，你很清楚這不是理所當然的，需要真誠地報以感恩和回饋，你也盡可能地對父母出錢、出力。你希望父母讚美我們，我們也盡可能地讚美父母。我們希望父母表達愛，我們也盡可能地表達愛和感恩。不要等著對方先來改變。

[憑什麼要我來改變]

很多人在對立關係中認為自己的負面感受都是因為別人做錯了，所以應該是別人改變。「你看你做得那麼不好，憑什麼要我來改變？應該是做錯事情的人先來改變！」

這樣的心態很正常，因為站在我們自己的立場上，容易感覺「是別人做錯事情侵犯了我」。但是如果你能夠跳到對方的身體裡，你會發現也許別人也有同樣的感覺，別人可能覺得：「是你做得不到位！你侵犯了我！為什麼你不改？」

父母和孩子之間會出現一種對立的感覺。孩子渴望擁有完美的好父母 —— 出錢、出力、不抱怨、尊重你、愛你、讚美你。父母也渴望自己有一個完美的好孩子 —— 替父母出錢出力、孝順、讚美父母、愛父母、不給父母添麻煩。

我們都在渴望對方成為最好的榜樣，給自己最好的體驗。但是很可惜，我們都沒有成為那個人。所以大家抱怨、難受。

這種感覺就有點像網路上的一個故事，講的是「天堂和地獄的差別」。每個人手裡都有一雙超越身體長度的筷子，不能伸到自己嘴巴裡。地獄的人拿筷子給自己餵飯，因為地獄裡的人每天只考慮自己，每個人都餓得要命；天堂裡的人懂得成就對方就是成就自己，每個人拿著長長的筷子餵對方，最後的結果是

每個人都吃飽了。

我們在父母關係和親子關係中，其實就需要這種心態上的轉換。如果我們能夠在一念之間轉變，就可以瞬間從地獄走到天堂。

停止要求對方先成為我們渴望的父母或孩子，遵循誰難受誰改變、誰在乎誰改變的原則，主動掌握自己的生命，主動地創造，讓自己先成為好的父母或者好的孩子。

讓我們先帶領他們改變，而不是等待對方改變，這是非常大的轉變。

所有的心靈成長，在開始行動的時候，都會經歷這樣的轉變。不再等待環境來適應我們，而是我們改變自身，創造一個更好的環境給自己，這是一種完全不同的生命狀態。

如果在這個觀念上有所突破，不僅僅是界限的問題，可能在你生活中非常多的問題都會迎刃而解。因為你整個的生命狀態不一樣了，你從一種被動的、等待的、抱怨的狀態，變成了一種主動的、積極的、為自己負責任的狀態，這樣的狀態更容易保護自己。

建立邊界，更容易讓自己處在積極的能量狀態上。

[打破幻想，看到眞相]

我們講了空間上的界限、經濟上的界限，以及物質和行為上的界限。還有一個很重要的界限，即我們需要在父母關係和親子關係上建立心理上的界限，真正困擾我們的是心理界限的侵犯。

有同學提到，父母總會無端指責和批評他強詞奪理，總想讓孩子按照父母的想法來做。對孩子買的東西，也總是隨意評論，不是說「你衣服不好看」，就是說「你品味不好」。所有的事情都要指指點點，總是干涉孩子。

還有個同學快五十歲了，已經處在非常成熟的年齡。有次她在表姐家，看到了小時候常見的麵包，正好當時很餓，就特別開心地吃了麵包。然後，母親開始嘮叨，「你要少吃點，小心撐著」，邊說邊用手指指著她的頭。這位同學非常憤怒，甚至憤怒到了極點。她對母親說：「謝謝，但你不是我的肚子。」她的媽媽一直在旁邊嘮叨，她賭氣把整個大麵包全吃光了，用這種行為來報復母親。

這類事情很常見，父母總是隨意地指責、評判我們的生活。

有些父母非常強勢，在家裡說一不二，必須讓孩子完全滿足他們的要求，包括應該幾點回家、週末跟誰見面等。

很多父母的思考方式是這樣的：

「你是我生出來的，你就應該聽我的。」

「我吃過的鹽比你吃過的飯還多，所以你應該聽老人的。」

「不聽老人言，吃虧在眼前。」

「既然你是我的孩子，既然你很愛父母，那你為什麼不聽我的？你愛我就應該聽我的。」

有些父母會倚老賣老說：「我年紀這麼大了，你要孝順。孝順最重要的是順，你必須順著我。」

實際上，以上每一種思考方式都有問題，都是值得推敲的，它背後的價值觀，會給我們生活帶來非常多的煩惱和困擾。

很多人雖然成年了，四五十歲了，可能感受到父母的侵犯以及讓自己不舒服的地方，但是潛意識裡似乎也認可這樣的思考方式。

在我接觸的個案當中，遇過許多這樣的人，他們一邊抱怨自己父母霸道的想法和行為，一邊又說服自己：「不聽老人言，吃虧在眼前。我是不是應該聽聽父母的呢？萬一我以後真的吃虧了呢？」或者覺得：「父母真的很老了，我如果不順著他們，以後他們萬一真的不在了，我多後悔啊！」

很多人在生活中會出現這種矛盾的狀況，似乎反對別人的侵犯，但是潛意識裡又支持他的侵犯。這樣的矛盾是最難解決

的，一方面好像你反對，一方面你又很支持。

　　所以，並不僅是別人一直在侵犯你，你自己也是極其深度的參與者。因為在深層次，你甚至認可他們的思考方式。在這種情況下，我們需要對這種負面的、經不起推敲的論點和觀念進行分析，打破幻想，看到事實的真相。

　　除了需要建立心理上的界限，我們還需要跟父母、公婆建立重大生活抉擇上的界限。

　　買房、上學、工作、結婚、生孩子、孩子的教育，這些生活中非常重大的抉擇，尤其需要建立起明確的界限，否則對我們人生的損害是非常大的。

　　有人甚至需要用幾年、幾十年，甚至一輩子的時間懊悔 ── 自己沒有在重大生活抉擇上，按照自己的心意選擇，為自己做主。

課後思考

請根據今天的主題，去觀察你生活當中在空間、經濟、物質和行為這幾個方面遇到的界限侵犯問題。把問題簡單地寫下來，然後根據老師的分析和啟發，自己寫出解決方案。可以寫你的父母關係，也可以寫你的親子關係，挑一個你認為更重要的關係來實踐。

第三課
與公婆、伴侶父母的關係界限

對於女孩來說就是跟公公婆婆之間，對於男孩來說就是跟岳父岳母之間。在「與父母關係的界限」課程中，我們提到在三方面一定要跟父母建立的界限 —— 空間上的界限、經濟上的界限、物質以及行為上的界限。

同樣，我們在跟伴侶的父母建立界限的時候，這三種界限也適用。

伴侶指的是我們的另一半。伴侶的父母屬於我們的上一輩，跟伴侶父母關係的界限，和我們跟自己父母關係的界限有非常相似的地方。

很多同學反映，不僅自己的父母會在空間上侵犯我們 ——隨意進入我們的房間不敲門、隨意來我們的小家庭裡面……很多時候，對方的父母也經常侵犯我們的界限。

在伴侶父母身上出現的和我們父母身上類似的越界行為，我們可以用上一次課堂中三種建立界限的方法，幫助自己走出被侵犯的狀況，即空間界限、經濟界限、物質和行為界限。

我們提倡在跟公婆相處的過程中，建立一些必要的空間界限。

很多家庭的小矛盾是因為跟對方的父母住在同一個屋簷下，彼此不夠尊重，空間上分不清楚到底是誰的主場。

一些媳婦反映，因為住在婆婆家，房子是婆婆的，在空間上自己沒有主人的感覺；相處的過程中，也一直處於弱勢的地

位。在這種狀況下，如果空間的界限沒有辦法建立，很多衝突是很難眞正解決的。

也就是說，我們不僅僅要跟自己的親生父母建立起這三種界限，我們跟伴侶的父母也要主動地、積極地建立起這三種界限。這對雙方都是長久的保護。

除了這三種，接下來還會講其他的一些我們跟長輩，尤其是伴侶的父母要建立的界限。

這節課當中，我把跟伴侶父母的關係，簡單地用婆媳關係表述，避免過多地重複。我需要說明，這裡的「婆媳關係」不僅僅是婆婆和媳婦，而是我們和我們伴侶父母的關係，包括婆婆和媳婦、公公和媳婦以及女婿和岳父、女婿和岳母，這些關係是類似的，用「婆媳關係」作為概括的簡稱。

婆媳關係一直都是極受關注的熱門話題。在最近這幾年的電視劇裡，講婆媳關係的家庭劇也特別多，婆媳關係變成了一個非常典型的、具有華人特色的關係。它很微妙，幾乎發生在每一個家庭當中，又影響著每一個小家庭、大家庭的和諧幸福，甚至影響下一代的教育、小家庭的生活品質。

[心理界限]

在生活中，由於婆媳關係界限不清楚造成的矛盾非常多。在婆媳關係當中，我們需要建立的第一個重要的界限，就是心理上的界限。

當我們結婚後，成為對方家庭的一分子，生活中會有各種問題。不同的家庭有不同的問題，如果問一百個家庭，會有一百個表達不滿的故事。但是，這些故事一定有個共同點——我們在心理上的界限很不清楚。

心理界限的模糊會造成多種多樣的問題。如果大家試著靜下心來，觀察生活當中遇到的婆媳之間的矛盾，你會發現，很多問題可能是由於「婆婆也是媽」這種觀念導致的。

首先，有這種認知的是婆婆一方。很多婆婆認為「婆婆也是媽」。什麼意思呢？就是婆家把媳婦娶進門，媳婦就是自己家的人。很多長輩認為「娶一個媳婦，媳婦過門就等於把這個人娶到我們家裡來了，她現在就隸屬於我這個家庭」。

這會產生一種什麼心態呢？那就是長輩並沒有「媳婦進門，我的兒子獨立找來一個伴侶，他們組成了一個小家庭」的心態，而認為「我們的大家庭娶來了一個女人，她現在歸屬於這個大家庭」。

所以，很多婆婆輩會有這種心態：你就像是我的孩子一樣，

雖然我沒有生養過你，但是一旦你進入我們家的門，你就是我們家的人了。

這種心態背後，是一種非常強烈的從屬關係。

這樣家庭的孩子和父母，往往認為孩子是屬於自己的，孩子的伴侶也是從屬於自己的，把孩子當作自己的所屬物——這都是我自己的人了，那我豈不是想怎樣就怎樣嗎？既然在心理上、身體上，我都認為兒子是屬於我的，那媳婦也是屬於我的。婆婆也是媽，媳婦也應該是女兒。

這種心態的長輩往往會把媳婦當作自己的兒子一樣看待，卻不是很正向的方式，並不是說「我怎麼愛我的兒子，我就怎麼愛媳婦」，而是「我怎麼批評我兒子、怎麼控制我兒子，我也會怎麼批評、控制媳婦，你們在我眼裡是一樣的」。

如果沒有尊重媳婦為獨立人格的立場，活在「婆婆也是媽」的從屬心態裡，就會出現侵犯界限的問題。

分不清兒子和媳婦的差別

這樣的公婆會認為「一旦你們結婚了，你們在我面前就是一樣的」。所以，他們批評兒子的時候，也會批評媳婦；更多的時候，可能因為小家庭的矛盾，直接把矛頭全部指向媳婦。以前

批評兒子，現在遇到問題開始挑媳婦的刺，會隨意地評論、經常干涉媳婦的生活。

這種情況下，很多時候會影響小夫妻的感情。這就是我們認為公婆活在「婆婆也是媽」的心理狀態裡，特別容易侵犯界限的原因。

也有兒子或者媳婦活在「婆婆也是媽」的模糊界限中。

有段話：「您把兒子撫養大，如今媳婦來報答」，很多人聽到時非常感動，甚至落淚，覺得這種婆媳關係多麼美好！「婆婆變成了媽，兒媳來報答」，聽起來非常完美，但是如果我們仔細來推敲，會發現這裡面有很多經不起推敲的地方。

如果兒子認為「婆婆也是媽」，那麼做兒子的人，會很自然地把妻子放到「從屬於他父母的人格地位」，也就是說，在他心裡其實已經排好序了：在我們的家庭裡面，我爸媽是老大，我是老二。你跟我一樣，你在我這裡只能當老二，我的生活中，永遠都是把我爸媽放在第一位。

如果兒子活在這種「婆婆也是媽」的心態裡面，去這樣要求妻子，永遠把自己父母的利益放在第一位，會造成很多小家庭和大家庭的衝突。

甚至一些不明事理的丈夫，不分青紅皂白、誰對誰錯，只要妻子跟父母發生矛盾，都要求妻子低頭認錯，要求妻子像自

己一樣，永遠把自己的父母放在第一位。

這些現象背後的原因都是兒子活在模糊的界限當中，認為妻子娶進門後，就從屬於大家庭：「婆婆也是媽，你既然嫁給了我，就應該把我的媽媽當作你的媽媽來對待，不管她有沒有撫養過你。」

為什麼很多女孩結婚後，會經常跟婆婆產生矛盾？因為女孩很難接受這種不知道從哪來的義務和責任。

「您把兒子撫養大，如今媳婦來報答」，仔細想想是說不通的。

婆婆把兒子撫養大，到了報答的時候，不應該是兒子來報答嗎？為什麼是媳婦來報答？這是一種很奇怪的思考方式和邏輯，可是很多人依然活在這種很守舊的思想觀念裡面。

它在過去的年代是有道理的。在過去很長一段時間，人們都處在封建社會和封建文化當中，男尊女卑非常嚴重，女性在任何方面都是被壓迫的地位，是從屬的地位。過去的女人要遵從三綱五常，完全在這種壓制的文化之下。女人被要求「未嫁從父，出嫁從夫，夫死從子」。總之就是女人必須聽從男人。實際上，這是一種男尊女卑、壓抑女性的舊觀念。

配合這種文化的，是以前女人完全被圈養的生存方式。過去的女人不需要賺錢，不需要養家餬口，即便特別想要出去跟

男人一樣讀書、賺錢、工作，也沒有這個權利。過去的女人只負責家裡的這一點事，不能在大事上做決定，也沒有辦法參與社會的經濟活動，其實是不完全參與社會的「半個人」。

在那種狀況下，封建社會的女人嫁入婆家後，就處於了從屬的地位。基本上嫁到誰家，就是誰家的人，一輩子靠男方家養。女人的社會地位非常低，大門不出、二門不邁，基本上喪失所有的社交功能。全社會都認定，女人該做的事情就是相夫教子，沒有其他選擇。在過去長久的封建社會當中，這樣的形態似乎還比較穩定，按性別分工，女人們也覺得這就是自己該做的事情。

如今的時代，社會發生了非常巨大的變化，我們每個人都能夠感受到女性的地位越來越高，世界上有很多女性已經成為國家領導人，我相信在未來還會更多。

現在的女人不是大門不出、二門不邁了，也不必像過去一樣一輩子不賺錢、不工作，只在家做飯、養孩子就可以了。現在的女人除了承擔過去的傳統角色外，還要自己走出家門工作，和男人一樣賺錢、養家，參與社會的經濟活動，承擔家庭的經濟責任。過去比較穩定的男尊女卑的狀況，在今天已經被打破了，這是誰都沒有辦法否認的事實。

既然這種事實已經被打破，那麼女人嫁到男人家的從屬關係、不平等的地位也應同時被打破。

如同在父母關係時提到的，當你在爭取權利、建立邊界的時候，剛開始的衝突一定會有。因為控制的人，不肯輕易地把權利讓給你。

壓抑女人好幾千年的男性，怎麼可能輕易祝福、支持女人，希望女人能夠強大起來？

如今，還有很多男性守著舊有的觀念，壓制、控制著女人，覺得女人就應該在家穿著圍裙帶孩子。很多男人的大男人主義，都來源於過去殘餘的舊觀念，雖然時代已經改變，但是他們的心裡還不願意接受改變。

最怕媳婦熬成婆

過去還有一個觀念：「媳婦熬成婆」，做媳婦的時候你就要受氣，等你熬到年紀大了，變成婆婆，你就可以欺負媳婦了。

有很多老人覺得，自己只要年紀大了，坐上長輩的位置了，就可以為所欲為了。我們期待一個年長的人，能夠忽略在年輕時受到的壓制，卻在年長的時候變成不一樣的人 —— 變得開始尊重下一代、開始變得獨立，其實對這個人的要求是很高的。

這需要很強的獨立性和很高的覺悟，他才願意不在別人身

上輪迴這種惡性循環。很多人會情不自禁地開始新的惡性循環：比如當媳婦的時候，婆婆不太尊重我，現在我好不容易做婆婆了，也應該按照過去的模式來跟我的下一代相處，這樣我心理才能平衡一些。

那些在生活中處處找媳婦毛病的婆婆，往往會在她年輕的時候有另外一個版本的故事，只是角色對換而已。

在我的個案當中，也會發現類似的規律。如果婆婆在跟媳婦相處的過程當中，非常強勢，經常擺出婆婆的姿態，那麼她在年輕的時候，往往也受到了不太好的待遇。

比如，有些婆婆會在媳婦坐月子的時候，強勢逼她吃各種東西，理由是「為了下一代好」。她們常說的是「我當年生孩子的時候，我婆婆給我吃什麼，我就必須吃什麼，不論我喜不喜歡」，邏輯就是「我當年受了這麼多的苦，我都是一個聽話的媳婦，那為什麼你就不聽話了呢？」。

很多父母、公婆，在干涉下一代教育的時候，最常說的話就是：「你們現在太嬌氣了，我們當年怎樣怎樣……」

其實這樣的對比是完全沒有意義的，時代變了，人的思想也變了，只是大家的思想不肯變，才造成這許多的矛盾。

如果大家的思想可以更新，這些矛盾早就可以消失了。

所以，在婆媳關係上需要建立的第一個非常重要的界限，

是心理上的界限，打破「婆婆也是媽」的模糊思考方式。

事實的真相是：婆婆不是媽媽，婆婆就是婆婆，雖然我們也會叫媽，但是她和生你、養你，在你童年時代、成長時期陪伴的幾十年的媽媽，不是一樣的人。想讓婆婆把你當作女兒來疼愛，其實也是不合理的。你想要求自己，把婆婆當作親生媽媽一樣對待是很困難的。

對於婆婆、兒子、媳婦這三個人來講，如果每一個人都活在「婆婆也是媽」的思考方式當中，會很辛苦。

如果婆婆認為「婆婆也是媽」，她看到媳婦對自己可能不如兒子貼心，把媳婦當成女兒來看待，可能覺得媳婦做得沒有兒子好。

如果兒子也認為「婆婆也是媽」，會覺得我的太太對我媽媽可能沒有那麼好、沒有那麼體貼、不夠孝順。

媳婦活在「婆婆也是媽」的思想狀態裡面，可能經常抱怨婆婆對自己不夠好，因為她潛意識裡，會把婆婆跟自己媽媽的行為來對比。

比如坐月子期間，很多媳婦都會抱怨，婆婆多麼不夠細心、體貼，還很強勢，各方面照顧不到位，拿出來的錢不夠多等。

仔細想想，可能這些都是因為潛意識裡三方在比較：婆婆在拿媳婦與兒子比較，兒子在拿妻子和自己比較，媳婦拿婆婆

和自己媽媽做比較。這些言語和行為一比較，就有非常多的差異。一旦感到差異，我們就會失落，我們會認為這是對方的失職，殊不知這時候很可能是我們的心理越位了，我們對對方的期望太高了。

婆婆不是媽

在婆媳關係中，第一個要打破的幻想是 ——「婆婆也是媽」。我們不能再活在這樣的幻想當中。當我們清醒地知道，婆婆就是婆婆，她不是媽，實際上也是在伴侶關係中畫出一條非常清晰的分界線。這條線並不會讓你們之間產生所謂的陌生、隔閡和距離，反而會生出健康的距離感，同時，這種距離會創造出很多尊重。

當你清楚地知道婆婆不是媽，公公也不是爸，我們就會知道，嫁人實際上嫁的是老公。先建立兩個人的夫妻關係，才擁有了夫妻關係邊緣的附屬關係，而公婆就是這其中的一個附屬關係。

另外的附屬關係還有例如與伴侶的兄弟姐妹之間的關係。

你跟他們所有的關係當中都隔著你的伴侶，也就是說，你跟他們家族的親戚之間永遠都隔著你的老公。如果你清楚這一點，明白你的老公要放在中間，很多問題就迎刃而解了。

很多人缺乏這些認知，會直接跨過老公。

比如，有很多媳婦，家裡有事不跟老公商量，跟公婆商量；公婆有事，不找自己的兒子，反而找媳婦。慢慢地，媳婦跟公婆的關係跨過了老公，他們成為家庭的第一溝通者，很多問題就產生了。

建議在這種家庭中，永遠把伴侶放在中間，他就是我們跟公婆之間的界限。

有了這個界限，生活中很多問題才會迎刃而解。

如果我們很清楚「我們是因為老公才有了這段關係」，在公婆給我們出錢、出力、幫忙的時候，我們就會知道這並不是理所當然應得的，而是因為他們愛兒子，我們才順帶獲得了這份利益。我們會因此對公婆有更多的感恩，無論口頭上還是心理上，我們才不會覺得這是理所當然。

當問題發生的時候，我們要清楚，雖然你們現在是一個大家庭，但是對老公和公婆他們的原生家庭來說，你其實一直都是一個外人。

「外人」並不是一個讓人悲傷的身分，它只是一個客觀的事實，我們要清楚這一點。

不要越過老公，和公婆發生衝突，也不要越過老公，跟公婆做重大的決定。

　　所有這一切，老公都應該全程參與；當你跟公婆理念不同的時候，也應該記住這個界限，你跟公婆的關係永遠都是間接的，需要讓老公站在中間協調，讓老公跟他的親生父母商量、協調。你跟公婆之間是間接的關係。

夫妻關係是第一序位

　　在大家庭當中，往往家庭幸福和諧的都是無形當中把夫妻關係放在第一位的家庭，這是一種非常健康的關係狀態。我們在大家庭當中，一定要清楚我們的第一關係是夫妻關係，其次才是父母和親子關係。如果把這個位置擺清楚，你就非常明白關係的界限。

　　比如生活中，永遠都不要跟你伴侶的父母搶愛、吃醋，因為伴侶對你們的愛不同。我們要跟伴侶過後半生，但是伴侶的前半生屬於他的原生家庭，那種親密度是我們後來參與者沒有辦法占有和取代的。

　　另外，我們永遠都不要要求自己的伴侶，像對待對方的父母一樣對待我們自己的父母，這是不現實的。

　　我們講「婆婆不是媽」，岳母也不是媽，每個人都應該對自己的父母負起責任。夫妻雙方協助對方孝順父母，就已經非常好了。

在一個家庭當中，老公應該對自己父母的健康、養老負起最大的責任，無論是你們的小家庭共同出「錢」還是出「力」，老公都應該是最重視的人，因為那是他的父母。如果他都不上心，反而要求媳婦上心，這是不合理的。

同樣的道理，妻子的爸爸媽媽也應該是以妻子為主去孝順，妻子做主導。老公如果能夠支持妻子的孝順，就做得很好了。推己及人，老公做主導，妻子也應該支持老公。

在夫妻關係當中，每個人最大限度地支持、贊同對方的行為，就是極大的界限尊重。很多人要求我們越界幫助對方，其實是不合理的。

我們跟長輩的關係當中，無論公婆還是父母，都容易有心理上的無界限感。無界限感表現多為：

他們會經常隨意地評論、干涉下一輩的生活；覺得自己是長輩，心情不好就擺個臉色；對孩子有很嚴格的要求。

很多人都已經四五十歲了，爸媽還是會要求他們幾點回家、週末跟誰出去、什麼時間陪孩子，總之規定得很細。有些公婆會特別插手小家庭的事情，無論買房子、買車，甚至給小孫子報補習班，公婆都要參與，要滿足他們的意願。

這往往會影響小家庭的幸福，甚至導致很多家庭破裂的悲慘結局。

父母和公婆干涉背後的思考方式，有幾點很普遍。

「你是我生的，你就該聽我的；我是你的父母，我年紀比你大，我吃過的鹽比你吃過的飯還多，我就比你有智慧。」

有一些人會覺得，「既然你尊重我、你愛我，你就應該聽我的」。

還有一些老人認為，「我年紀這麼大了，你還不讓我？」

甚至搬出「孝順」的帽子扣在子女頭上，告訴你：「人要知道感恩、懂得孝順，以後你也會老的，你要尊重老人。」

對孩子強勢的、有控制性思想的公婆，會活在「婆婆也是媽」的心理狀態裡，對孩子和孩子的伴侶同時實行這種控制性的思想：「既然你是我生的，就該聽我的，媳婦既然嫁給我兒子，你就應該跟我兒子一樣聽我的。」

這些例子背後的思考方式都差不多，如果我們一條一條仔細分析，就會發現每一條都站不住腳。

獨立人格從小培養

在我們的文化裡，沒有那麼倡導獨立人格，我們推崇集體文化，推崇顧全大局，推崇父母長輩永遠都是對的，因為「百善孝為先」。

世界上，很多人活了幾十年，仍然是很糊塗、很幼稚的老人，也有很多年紀輕輕就思想成熟的人。

這種思考方式是老舊的，它來自過去幾千年的封建文化，現在時代在改變，人在改變，當我們想要建立界限的時候，我們需要讓自己的思考加速、升級，跟上現在的時代改變，我們就會幸福得多，無論老人還是年輕一代，還是我們的下一代都是這樣。

有些長輩想不明白，一個人不應該僅僅是因為年老，就應當讓別人順從。當然，一個人因為年老得到照顧是應該的，但是，「尊老」不代表無條件地聽從，這是非常不平等的。

每一個人受到的尊重，都應該是他自己努力用言行贏得的。老人受到尊重，應該是老人做了讓人尊重的事情。

作為孩子也一樣，面對自己的父母，你要清楚，即使父母生了你、養了你，你也並不完全屬於父母，不存在從屬問題。

每一個人都有獨立人格。

你在父母生了你、養了你這一點上，需要感恩。父母在基因上貢獻了一顆精子和卵子；媽媽懷胎十月忍痛把你生下來；父母工作，花錢把你養大，送你去上學……這些都是非常值得感恩的。

但不要一股腦兒覺得，只要是父母做的就應該接受。比

如，父母動輒罵你、不尊重你、侵犯你……他們這樣的行為是不對的，我們需要分清楚。

有人可能覺得，跟父母在某些地方建立起界限會有愧疚感，或者批判了父母的一個不得當的行為，就把自己對父母的愛否定了，覺得自己不孝順。

其實不是這樣，我們需要分成兩個軌道。

那些長輩做得不好的地方，我們需要反思、反抗、爭取自己的界限；那些長輩做得好的地方，我們需要感恩，要把感恩掛在嘴上、行動上，同時用語言和行動對父母表達感恩。

也就是說，我們需要給公婆和父母非常清楚的回饋：你對我好、尊重我，我會給予你行動上的、語言上的極大的感恩；你對我不好的侵犯，我要很堅定地樹立起我的界限，我不允許你繼續侵犯我。

慢慢地，良好的回饋會在關係當中形成一種大家都認可的規則，大家會調整到彼此舒服的程度。

與公婆、父母，我們要建立的一個重要界限，就是心理上的界限。

無論面對父母還是公婆，我們都有獨立的人格，不過度依賴，不跨越職責做越界的事情。

當我們能夠意識到自己有獨立的人格存在時，界限感會更

分明，我們的感恩和拒絕也會更加分明。在這種比較清晰的思想意識指導下，我們跟對方的互動也會更加清晰。

[重大事件上的界限]

除了心理上的界限，第二個非常重要的界限是重大事件上的界限。

很多在父母關係、公婆關係上受苦的人，是在重大事件上被侵犯的人。

什麼是重大事件呢？

我們生活中，今天我買什麼菜、吃哪頓飯，或者我今天穿哪件衣服等，這些可能都是小事；有些事情是大事，比如買房子、找工作、換工作、結婚、生孩子……

讓孩子上哪個學校？如何教育孩子？這些是生活當中的重大事件。

如果我們生活中的重大事件的決定權受到侵犯，那是對我們人格自由的最大侵犯。

人的一生當中，特別重大的抉擇沒幾個。生活中的重大抉擇，是那些重要又少數的選擇，它對我們的人生品質有著決定性作用。

我的建議是，要不惜一切代價去捍衛生活中重大事件的自主權。

因為它決定了你能否做自己生命的主人，它是我們生命能量自我掌控的最高展現。

在我過去接觸的個案當中，我發現很多在生活中重大事件選擇權被侵犯的個案，日後會用很長時間來修復。失去重大事件選擇權，給人帶來的創傷，需要用很長的時間去療癒。

比如，有人在高考的時候被父母干涉，被父母逼著學一個自己不喜歡的專業，可能他填志願時，一時委曲求全上了父母想要他讀的科系。但他會用四年的時間修正，他四年都過得很痛苦，畢業後重新選擇考研究所，轉成自己喜歡的科系。

有人可能已經畢業去工作了，依然沉浸在自己選錯路的痛苦當中；有人可能一輩子因為一個選擇，一直沉浸在痛苦裡出不來。

有人被父母逼婚，抵擋不了父母的壓力，在自己還沒有準備好的時候，糊里糊塗地隨便找人結婚了，但是他可能要用幾十年不幸福的婚姻，承受這種把重要事件決定權交出去的創傷，承擔這個代價。

有人可能被公婆催生，自己還沒有準備好，剛結婚可能就生了孩子，在這種情況下得了嚴重的產後憂鬱。她自己沒有

準備好成為母親，和孩子的互動也非常糟糕，又非常愛孩子，在這種沒有辦法承擔好母親角色和愛孩子的過程當中，反覆糾結，進而患上嚴重的憂鬱症。

無論父母還是公婆，對我們重大事件決定權的侵犯是最嚴重的。給大家的建議是：在我們認為非常重要的事的選擇上，我們需要不惜一切代價捍衛自己的權利。

我們之前講要「溫柔而堅定」地談，但當侵犯太過嚴重的時候，你甚至可以把「溫柔」省略掉，堅決地談原則問題，不可以妥協，否則你的餘生將在後悔中度過。

我們要明白，過完全自己做主的日子是極度幸福的。

為什麼我們經常講「自己選擇的路，跪著也要走完」，是因為「跪著走自己的路」，也比「坐轎子走別人的路」要舒心。

自由意志是最高意志

曾經遇到很多被婆婆逼生孩子、逼生二胎的女性，因為抵擋不了心理上的權威壓迫感就生了，之後產生無止境的痛苦和矛盾，而且對孩子也很不負責。

生了孩子後，你覺得自己已經成為受害者，更有底氣跟婆婆反抗。

但是，你已經做了不喜歡的選擇，其實反抗是沒有什麼用的。

建議你在做選擇前去反抗，而不是先妥協再反抗，順序不同差別很大。

仔細想想，也許你曾經有過人生大事決定權被侵犯的例子，無論它來自父母、公婆，還是你的另一半。當所有細節展現在眼前，一條條分析的時候，分析到最後，你會發現：真正讓你妥協的不是任何人，而是你自己。

沒有人能真的去逼你做一份你不喜歡的工作，父母不可能把你綁到辦公室；也沒有人能逼你嫁一個你不喜歡的人，父母不能越過你替你辦理結婚；也沒有父母有能力控制你的身體懷孕、生產。

很多時候我們妥協，並不是因為對方能力太強了，而是我們太不能堅持了。

我們承受不了心理上的壓力，沉浸在別人侵犯我們的憤怒中，失去理智，變成跟人較勁、對抗或者自暴自棄。

實際上，對於生活當中的每一個重大抉擇，只要我們自己能堅持到底，沒有任何人能夠逼我們做。在重大決策上只要你挺住，不妥協、不就範，總有辦法解決。

很多人是不婚主義者，可能他挺到了四十五歲都沒有選擇妥協，因為沒有遇到一個願意結婚的對象，就一直保持單身。

可以想像從三十歲到四十五歲，這十五年當中，他的父母給了多麼大的壓力！可能有的人承受不住壓力，早早妥協了；而他雖然承受了很多壓力和侵犯，但是仍然堅守自己的底線，選擇自己作主，在某種程度上，他是自由和幸福的。

父母和長輩並不理解你的選擇，但是，你自己要理解你的選擇，哪怕全天下的人都不理解，你也要做自己最堅實的守護者！你要做自己最大的支持者！即使伴侶也不認可、不理解，你都要支持自己，因為，你是你自己界限的最後一道防線。

重大事件抉擇上的界限，無論父母還是公婆，這都是絕不可妥協的界限，否則後患無窮。

沒有人可以替代你過生活，也沒有人可以替代你承擔做出重大抉擇的後果，無論它是好的還是壞的，你終將自己承受所有的後果。

這個抉擇必須是自己去做的，否則你一定會後悔。

如果你是孩子那一代，請你堅守住你的原則和重大決策的權利；如果你是父母和公婆這一代，請你尊重孩子的選擇，要知道對於他的選擇，未來只有他能夠承受結果，無論好的還是壞的。

既然我們不能夠替孩子承受結果，也代替不了他，就請尊重他，你可以給建議，但是決定權一定屬於他。

[祖孫關係的界限]

除了心理上的界限、重大生活抉擇上的界限，我們跟公婆還要建立下一代的界限。

很多父母、公婆，在結婚有了寶寶之後，對我們的干涉和否定最嚴重。

剛結婚，父母和公婆還有點收斂，媳婦剛進門，大家都比較客氣，還能有一些基本的禮貌和尊重。等到孩子一出生，往往事情就會大反轉。

父母、公婆會以孩子為藉口，好像認為孩子一出生，他們的家庭地位就變了。父母一輩最常說的是，「這不是你一個人的孩子，他還是我的孫子／外孫，我們也有參與權」。

上一輩人對下一輩人最多的參與，往往是對孩子教育、養育方式的參與，這方面的界限侵犯非常嚴重。

青出於藍而勝於藍，大多數下一代往往容易在某些地方超越父母。有些父母年齡越來越大，跟不上時代，他們會有一些自卑的感覺，不太敢為所欲為地干涉孩子。但是一旦涉及生孩子、養孩子的問題，父母往往都很自信：「我跟你們沒有差距，而且我比你們更有經驗、更有智慧！你們必須聽我的！」他們的思考方式是：「我已經把你帶大了，你現在健健康康的，活得很

好，這就說明我是非常成功的！你在教育孩子上是新手，我已經教育幾十年了，你才剛當父母，你必須聽我的！」

因為這樣的思考方式，很多公婆、父母都會在孩子的教育上有非常頻繁的、嚴重的越界行為。

經常干涉孩子父母養孩子的方式，小到應該用什麼尿布，到底什麼時候應該加輔食，輔食應該吃什麼，孩子到底要不要睡在父母旁邊，要不要穿開襠褲，甚至什麼時候吃奶粉，該不該吃奶粉，媽媽應該吃什麼樣的營養品，或者應該喝多少湯，吃幾顆蛋才能保證給孩子的奶水很健康等，生活中各式各樣的細節。

當過父母的人一定深有體會，對生活中無數的小細節，自己的爸媽、公婆都會有各式各樣的理由干涉。

他們認為養育孩子是他們最擅長的領域。這真的是非常讓人頭痛的狀況。

和「重大抉擇的界限」以及「心理上的界限」一樣，我們的父母、公婆侵犯的理由永遠是「你是我生的，我就比你厲害，你就應該聽我的」，他們背後有非常統一的心理狀態。

你有了孩子之後，他們會說孩子不是你一個人的。

在這時候，建議所有的小夫妻一定要堅定信念，你們是孩子的父母，他們只是孩子的祖父母。

祖父母在本質上來說只是親戚，不屬於孩子的原生家庭。

這一點，我們在意識上要非常清醒。

在建立下一代的界限時要注意兩點：第一，要明白我們是孩子的父母，祖父母只是親戚關係，再近也是親戚而已；第二，我們要像建立經濟界限和行為界限一樣，感恩他們的好意，但拒絕他們的越界。

有人很害怕拒絕父母和公婆的行為。

例如，婆婆一天燉三份湯，一定要逼你喝完，也許你沒有胃口甚至反胃，還是不好意思或不敢拒絕，因為你知道他們的行為是好意。

在這種情況下，你要記住，你需要感恩他們的好意，但是要拒絕他們的行為。因為他們的行為已經越界，讓你不舒服，你要保護自己。

怕拒絕是因為害怕父母和公婆不高興，但在這種狀況下，如果你永遠都因為害怕對方不高興，就選擇了讓自己不高興，那你就是正在給自己創造一種「受害者」人生 —— 在每一次的人生選擇當中，你都選擇讓自己不高興，來成全對方的高興。

對方的「高興」和你認為的「和諧」，實際是由你的自我犧牲換來的。

你要問問自己，這樣的人生是你想要的嗎？

或者你確定要用你的委屈來成就「和諧」？

如果你要的不是這種「和諧」，那麼在建立界限的時候，就一定要堅持自己。

有時候，父母這一輩的人，也需要經由不高興的情緒，意識到自己做錯了，他們才可能反思自己的問題，回到自己該回到的領域。

憤怒、悲傷這樣的負面情緒，並不是完全沒有意義或者壞的。

負面情緒也有存在的意義，負面情緒會引領我們成長。

有些父母經常參與、干涉孩子，長期不改變，就是因為孩子也讓著父母。這些父母在跟孩子相處的過程中，永遠是孩子受氣，父母沒有不高興的時候，他們不需要反思，也沒有機會成長。

有時候，建立界限可能避免不了會有衝突。這是一個反抗之戰，有人高興就有人不高興，它是一個爭取權利、建立邊界的過程。

在剛開始的練習階段，可能對方會不高興，因為對方先把「和諧」建立在「你妥協」的基礎之上，你需要調回這個平衡。

從長遠來看，我們可以做到雙方都滿意，只是需要時間。

大家需要慢慢地磨合出默契，磨合出彼此都舒服的距離。

在最開始的時候，要感恩他們的好意，拒絕他們的行為。尤其是對於下一代的教育，要非常清晰地對自己也對他們說，

這是你的孩子，你有更大的權利教育你的孩子，他們只有提建議的權利，做決定的是你。

跟與父母要建立經濟界限和物質行為界限一樣，在與公婆的相處上更是如此。

要減少對他們的依賴和求助，從經濟上、空間上、體力上、心理上真正斷奶。有很多抱怨公婆的媳婦、抱怨岳父岳母的女婿，抱怨的核心，要麼是覺得長輩做得不夠 —— 沒有給夠錢、出夠力，不幫忙看孩子等；要麼是抱怨長輩對自己的負面評價特別多，心理上的界限比較少。

在抱怨的同時，往往他們潛意識也會對父母或對方父母有所依賴。

比如，認為對方的父母出錢、出力幫忙帶孩子是理所當然的。這種情況下是很難劃清楚界限的，也很難在樹立界限之後就能得到自由。因為越糾纏就越麻煩，越麻煩越沒有自由，越沒有自由越容易相互抱怨……

［獨立是建立界限的底氣］

建立界限的過程是一個清理毛線頭的過程，會讓彼此的生活、責任、義務越來越清晰，而不是黏在一起。

在這個過程當中，一定少不了對長輩的依賴和求助的減少，進而在經濟上、空間上、精力上、心理上等做到真正意義上的「斷奶」。

「天下沒有白吃的午餐」，父母的關愛、公婆的給予是有代價的。「吃人嘴軟，拿人手短」，如果我們對父母、公婆又吃、又拿、又用，其實是渾身上下哪裡都「短」。在這種哪裡都「短」的狀況下，你想要自由、想要尊重、想要界限、想要空間……是非常難的。

有同學說：「爸爸媽媽很不尊重我的飲食，我喉嚨發炎了需要吃得很清淡，可是媽媽還是做很辛辣的食物給我吃，她還問：『你以後跟婆婆住怎麼辦？』」仔細想想，這位同學喉嚨發炎，需要飲食清淡，她媽媽還做辛辣的食物，覺得媽媽不夠尊重她。

但是換個角度，如果你需要飲食清淡，那自己做一份飲食清淡的食物，然後做一份媽媽愛吃的辛辣食物給她，是不是就把問題解決了呢？

你已經吃現成的，還責怪對方不體諒你。媽媽可能邊做飯邊埋怨「你長這麼大，我還要給你做飯吃」，也許媽媽只是沒有講，但她未必沒有這樣的想法。

為什麼心靈成長是獨立成長的過程？一個人在心靈成長的路上走得越遠，會越獨立，他會越能擔當起自己該有的責任，

越來越變成一個發光體和付出的人，而不是一個索求的人。

一個給別人帶來快樂、物質、富足的人，走到任何一個地方都是受歡迎的。

有同學說，他的情緒經常受父母影響，總是看父母的臉色。媽媽經常干涉他的生活，他又想依賴，又想獨立，不知道怎麼樣才能融洽相處。

如果你又想依賴又想獨立，這真是沒有辦法融洽相處。

因為依賴和獨立很多時候是相反的，你依賴了對方，那就要受制於對方；你獨立了，自己就要承擔得多一些。

我們跟父母、公婆的相處有點像平衡藝術。

很多時候，關係存在能量大小的平衡。媳婦的能量太大，比較自由、能夠做主，就談不上界限的侵犯。

我們常常被侵犯，往往是因為我們的能量太弱了。

我們在生活中，是一個習慣性接受了很多幫助的接受者，而不是做出貢獻的給予者。如果我們依然是習慣性妥協，習慣性放棄，習慣性把自己放在第二位，把別人放在第一位，那麼我們的能量會變得比較弱，會讓我們更處於一種容易被侵犯的狀況。

父母關係和婆媳關係有很多類似的地方，我們一共分析了需要建立的六種界限：

一、空間上的界限

二、經濟上的界限

三、物質、行為上的界限

四、心理上的界限

五、重大事件決定權的界限

六、下一代的界限

當六個界限都建立得越來越完善的時候，我們與父母的關係、公婆的關係一定會越來越改善。

有個十二字箴言送給大家：多給予、多讚美、少索取、少批判！

這是從根本上和父母心靈斷奶、建立邊界的不二法則。

當你給得多了，父母就開始感謝你了；當你讚美得多了，父母就開始讚美你了；當你承擔多了，父母就沒有底氣對你指手畫腳了。希望大家能夠把這十二字箴言應用到生活當中。

第四課
與伴侶的關係界限

　　狹義來說，親密關係指的是我們與伴侶的關係，如果你們現在是戀愛關係，親密關係就是男女朋友關係；如果你們已經結婚，親密關係就是夫妻關係。

　　夫妻關係是世界上非常微妙的一種關係，處理得好，它會讓你覺得你是世界上最幸福的人。這是一種世界上最美妙的關係，它包含愛情，會讓我們覺得，躺在身邊與自己毫無血緣關係的人，讓我們成為世界上最幸福的人。對方跟你沒有任何血緣關係，卻跟你一起建構了一個新的小家庭。你們開始創造一個新的空間，繼續你們共同的血脈，擁有了下一代。

　　夫妻關係是家族傳承中不可或缺的一環。從過去到未來的這條時間線上，很多家族靠血脈傳承下去，但是在這條血脈上，在每個關鍵的關係上，都由一個沒有血緣關係的人加入組成，加入我們的親密關係和夫妻關係，這樣的關係非常美妙。

［伴侶是自己找來的親人］

　　我們的伴侶是自己找來的親人。在你和他發生深入的情感連結之前，你的另一半可能是世界上的任何一個人，因為你們不需要有任何的血脈上的關係。你們有無限的可能，和世界上的任何一個人相遇。但是當你們走在一起之後，你會發現，這

個跟你沒有血緣關係的人成為你生命中最重要的人。

　　一般意義上來說，夫妻互相陪伴的時間遠遠多於父母和孩子。親密關係是陪伴我們一生最長久、最親密的關係。它在我們整個人生當中，有著非常重要的作用，決定我們的人生狀態，決定我們的幸福程度。

　　與此同時，親密關係是微妙的。微妙在於，如果我們親密關係經營得好，會讓自己成為世界上最幸福的人；如果親密關係經營得不好，或者在夫妻關係中有非常多的衝突、矛盾，很多人甚至會因愛生恨，你視為親人的人也許是全世界傷你最重的人，他帶給你的傷害，也許讓你成為全世界最不幸的人。這是親密關係的微妙之處，它可以讓你體驗最幸福的感覺，也可能讓你體驗最糟糕、最地獄的感覺。

　　流行音樂絕大多數是描寫愛情的，因為愛情是最能夠讓我們情緒起伏的一種感情。無論在我們的現實生活中，還是在各式各樣的小說、電視劇中，我們經常能夠看到很多夫妻由於各種界限的侵犯、不尊重、不清晰，發生很多的衝突、矛盾。

　　有人可能喜歡控制另一半；有人可能性格習慣猜疑；有人可能因為某些事件讓兩個人產生誤會，誤會越積越大，最後導致感情遭受挑戰，甚至兩個人開始互相傷害；有人最終離開對方，重新開始新的人生；有人可能就痛苦糾纏了一輩子。

在問題收集中，也有很多同學提交了親密關係的問題。親密關係中界限侵犯的問題，是所有的關係中最多的，受到的傷害也最大。

自己喜歡心理學，想學習心理學，老公卻特別反對，覺得學這些沒有用，或者擔心老婆被騙，非常不支持。

老公經常干涉自己的各種選擇，做任何事情都要先徵得老公的同意，感覺特別不被尊重。

有人意識到，自己很容易控制婚姻中的另一半，自己特別沒有安全感，經常忍不住想翻看老公的手機、社交的聊天記錄，常常審問老公，老公回家晚一點，就要交代清楚到底做了什麼事。

也有人知道，自己屬於越界的人，經常會要求老公按照自己的意願來做事，有時候意識到自己有點侵犯老公，但是好像改不掉。有人覺得「我老公願意接受，似乎是一個願打，一個願挨，這種模式磨合久了，好像彼此都習慣了」。

有同學提到自己在婚姻當中最多的情況是：老公因為要做事情，經常到外面去應酬喝酒，有的時候會夜不歸宿，自己就特別容易胡思亂想。每一次聽到他又要去應酬或聚會，就會很抓狂，控制不住自己的想法，就會去找老公，發洩自己的情緒，想要透過這樣的一種方式讓老公有所改變，卻發現老公改

變不了，反反覆覆地磨合。

也有同學認為，在婚姻當中自己的地位不高，感覺好像另一半總是很強勢，自己沒有辦法拒絕對方的要求，自己提出的要求對方又不滿足。長期下來就有一種自己很吃虧、不平等的感覺。

以上是同學們反映的一些問題，在生活中很普遍。

在很多家庭當中，夫妻之間都會出現這樣的問題。

同學們很迷茫，不知道親密關係到底要多近才舒服，這個遠近度很難拿捏。離得太近了，會讓人窒息，讓人喘不過氣來，覺得很有壓力；如果兩個人的距離太遠了，又好像失去了夫妻當中的親密感，感覺似乎太相敬如賓了。

我們這節課就來幫助大家解決這些問題。

很多問題來源於大家在夫妻關係中存在「期待」。

我們在婚姻當中會期待什麼，想要對方滿足什麼？最開始的期待和渴望，可能注定了你是得不到滿足的。我們將從幾個方面跟大家詳細討論，如何在我們的親密關係中建立一個恰當的界限，能夠讓我們既有空間、彼此舒服，又能夠保持我們想要的親密。

在親密關係當中，我要跟大家講兩個非常重要的界限。第一個是：要建立人格獨立的界限。第二個是：要建立心理空間界限。

［人格獨立的界限］

　　獨立的界限幾乎決定了所有親密關係當中可能遇到的衝突，是婚姻中能否把幸福的權利掌握在自己手中的界限。

　　很多人在婚姻中，非常容易失去人格獨立，從單身狀態的獨立人格，變成一種依賴性的人格。有人在結婚前，可能就沒有獨立的人格。那時候雖然沒有另一半可以依賴，但是有人會依賴父母，會習慣父母來幫助、解決生活中的重大問題。錢不夠花，伸手向父母要；遇到問題，回到父母的家裡尋找心靈的港灣。

　　依賴久了，獨立人格就會消失，會發現當獨立人格越來越弱的時候，自身的力量就越來越小了。

　　很多事情都依靠別人幫助，需要重要的人參與才能平安度過。在這種情況下，我們自己就會失去力量。

　　很多人結婚後喪失了獨立的人格，有些女孩子仍然秉持「我的男人必須養我」的心態，認為被男人養是很幸福的。

　　網上有文章寫道：「這個世界上最動聽的三個字不是『我愛你』，而是『我養你』。」很多女孩子對「我養你」三個字招架不住，覺得這是世界上最甜蜜的情話。

　　然而很多女人的苦難來自對「我養你」的信奉。有一部電視劇，劇中的女主角由於信奉老公的「我養你」，婚後放棄了自己

的事業。當老公向她提出離婚的時候，這個女孩非常無助，也非常低落。她一直不明白：你曾經承諾要養我的，現在卻嫌棄我什麼都不做，這對我是不公平的。

「被養是被寵愛」的信念，導致很多人在婚後認為，一旦結了婚，人生的一部分責任就不屬於我。比如，有人會把養活自己的責任，完全放在另一半身上。這種情況大部分是來自女生，當然也有男人是靠女人養的。無論男人還是女人，都是不可取的。

結婚之後經常會有一些界限不清的情況，一方面是太過依賴「我養你」，另外一方面，就是總活在「應該」的世界裡。

在生活當中，經常聽到很多人在侵犯別人界限的時候，會把「應該」放到嘴邊，「應該」成了一個口頭禪。什麼意思呢？就是這件事是你「應該」做的。比如，男人就應該怎麼做，女人就應該怎樣怎樣。

無論把「應該」放在哪裡，它都是一種界限的侵犯。

「應該」就是我們在教導別人，你應該按照什麼方式說話、做事。我們在之前的界限課程裡講過，人和人有如此大的不同，世界豐富多彩，人和人千變萬化。

每個人想要得到尊重，其實是希望別人能夠尊重自己本來的樣子，而「應該」很多時候是破壞別人本來的樣子。

　　很多夫妻之間吵架，妻子會罵老公：「男人就應該賺錢、養家，你不能夠在事業上取得成功，你就是一個失敗的老公。」很多男人也會用「應該」說服自己的老婆：「女人就應該生孩子，應該做家務，應該相夫教子，應該孝順公婆、伺候人。」

　　這些「應該」是夫妻關係中，侵犯彼此界限的詞彙。吵架的時候，我們會質問對方：「你既然愛我，你為什麼不這樣做？既然愛我，為什麼你不能按照我說的去做？」這背後是一種「你既然愛我，你就應該怎樣」的強勢心態。這些是對伴侶的過度依賴，活在「應該」的要求中，活在對方的承諾當中。

　　這些無界限的現象是因為什麼發生的呢？是因為我們結婚之後，對婚姻有一些虛妄的期待和觀念，這是一種理所當然和從屬的心態。

　　在講到父母和公婆關係的時候，我們提到很多時候父母、公婆侵犯我們的界限，是由於他們有一種「理所當然」的心態。這種理所當然的心態是 —— 我生了你，你就該聽我的，我生你養你，我知道得比你多，我就是比你厲害，你就是應該聽我的話，我就是有權利干涉你。

　　在父母管教孩子的時候，過度干涉孩子的思考習慣中，有一種從屬的觀念：我生了你，你的命是我給你的，所以你更應該聽我的話，必須按照我規劃的路走，這是父母的從屬心態。

在華人社會中，夫妻關係也有非常嚴重的從屬心態，尤其對於男人而言。

現在華人社會仍然有重男輕女的現象。我們現在的夫妻關係當中，仍然有從屬的心態。都市可能越來越少了，但是如果走到鄉下，有些婚嫁的習俗仍然反映了婚姻關係落後的觀念。

女兒出嫁和兒子娶妻，父母的心態很不同。娶媳婦的父母，往往是比較高興的，心理上有一種添人進口的心態；而嫁女兒的往往都有些失落。

網路上有段話形容嫁女兒的心情：自己悉心栽培了一盆好花，好不容易開花結果，最棒的時候被別人連盆帶花端走了。這種心態的差異，恰恰代表了無論女方的父母還是男方的父母，在背後有一種共同的心態 —— 女兒嫁過去等於是別人家的了。這就是一種從屬的概念。

我在講公婆關係的課程時，提到很多公公、婆婆對媳婦非常霸道、控制、強勢的情況。因為公婆心態上覺得，「你是我們娶進家的，你融入我們大家庭，變成我們的一分子，你跟我的兒子一樣從屬於我」，於是有了理所當然的心態。

很多兒子耳濡目染老一輩的觀念，也活在這種心態當中，認為娶了一個老婆回家，是娶了一個從屬品回家。雖然求婚、結婚弄得特別浪漫，甜言蜜語說了很多遍，但只是為了得到妻子。

從屬心態是越界的溫床

從屬心態會讓女人變成物化的工具。

男人會認為，女人是自己的，就是後天得來的一部分。他娶你的時候有成就感，娶到之後又有一種占有欲和控制欲。所以在這樣的家庭當中，男人是所謂的一家之主，非常強勢、非常大男人主義。往往因為有這樣的從屬心態，他在生活中會出現越界行為，比如控制妻子生活的各個方面。

這種情況下，在小家庭當中，很多丈夫扮演了封建父母的角色，比如控制妻子的重大人生選擇，如什麼時候要生孩子、應不應該為了家庭放棄工作。

很多女性反映，她們在婚後出去工作是不被家庭允許的，因為老公不贊成。老公認為照顧孩子是媽媽的第一天職，妻子應該放棄工作，先照顧孩子；選擇什麼樣的工作也是不自由的，需要老公認可才行。甚至連想要做更有發展的工作，老公都覺得不必要，老公成了干涉老婆重大生活抉擇的人。

因為同樣的從屬心態，大家族的長輩干涉行為在小家庭中得到延續。

有同學提到，自己婚後想去參加課程、活動，必須徵求老公同意，根本沒有夫妻雙方商量的原則。也就是說，老公同意

你才能去，老公不同意，你就不能去。這種心態、這種行為的發生，代表親密關係已經不是平等的夫妻關係，而是典型的從屬關係。

弱勢的一方從屬於強勢的一方，這是夫妻關係中非常嚴重的越界行為。

如果父母侵犯你重大生活的決策權，你會很痛苦；伴侶侵犯你也會痛苦。很多老公在家庭裡掌握經濟大權，對老婆的生活中大大小小的事情都要嚴加控制、干涉。老婆屬於弱勢的一方，老公屬於強勢的一方，雙方潛意識裡都比較認可從屬的心態。

而「重男輕女」的傳統觀念，有時也傷害了男性。從男方的角度來說，女方從屬於男方婚姻中不平等的心態，所造就的人格不獨立的狀況，對男人來講也並非完全都是好處。

為何會出現「媽寶男」

現在有一個流行詞叫「媽寶男」。媽寶男在某種程度上，其實是重男輕女思想毒瘤的受害者。

很多女孩在童年時期，不被自己的父母、家族、社會重視。這種經歷，反而讓女孩子變得自強不息。她覺得世界上沒有辦法依賴別人，只能依賴我自己。這些因為重男輕女的觀念

被輕視的女孩，反而得到一種內在的力量。因為被外界輕視，所以不得已必須讓自己的內在強大起來，從而獲得更獨立、更強大的人格。

由於世界的開放和進步，很多在家庭當中被輕視的女孩子，成長得特別強大。她們在事業、經濟、自我管理、自我成長上都做得非常好。而那些被寵愛的男孩子，特別是家裡的長孫、獨子、獨孫，因為天生的優勢得到全家人的寵愛，在他們的成長經歷中，往往被重視，得到了很多寵愛。

從人生長遠的發展來看，這些僅僅因為性別而被過度寵愛的男孩子，也是重男輕女的受害者。

這也是近幾年有很多媽寶男的原因。因為很多家庭都只生一個兒子，這一代人往往是重男輕女最大的受害者，也是媽寶男最多的時代。

為什麼呢？因為男孩子小時候被過度重視，父母有多重視，就會多控制；全部的精力、時間給到他，干涉、控制、霸占他。

任何事情都有正反兩面，得到了很多關愛，也承受了很多控制。

他們為什麼會成為媽寶男？一方面集全家的寵愛於一身，另外一方面也集全家的期待、壓力於一身。

他們往往被寵愛，在生活上被照顧得非常到位，衣來伸

手、飯來張口，被父母折斷了自我力量的翅膀。很多男孩子什麼都不會做，只能依賴媽媽，依賴久了，會發現翅膀越來越萎縮，獨立的人格被壓榨到幾乎不存在了。因為這種舒適區太舒服了，變成了一個非常依賴別人的寄生蟲。

這樣的男孩子，他個人其實也很痛苦。當他意識到自己身上的軟弱，想要變強大的時候，卻發現自己太虛了，沒有力量。這也是很多同學在課程當中經常反映的問題。

有人不幸嫁給一個媽寶男，試圖尊重老公、想要崇拜他，可是他好像很軟弱，在家裡沒有任何發言權，被媽媽控制。妻子也覺得非常無奈，想讓老公成長是非常艱難的任務。妻子似乎要扮演很多的角色，不光是扮演妻子的角色，還要重新扮演跟他媽媽不一樣的母性角色，重新教丈夫如何成為一個有獨立人格的人。

「重男輕女」對男女都是傷害

這一代很多的家庭當中，普遍存在陰盛陽衰的情況。女孩子特別強，男孩子特別弱。男孩子被寵得很厲害，他可能既沒能力，又不體貼別人，但是脾氣特別大。女孩子自己很努力、很棒，但是底氣不足，心甘情願被壓迫。

　　如果我們用一個更大的格局和視角，看待我們所經歷的家庭問題，就會有新的理解。

　　女人今天所承受的問題，同時也是男人承受的問題。男人面對的挑戰的另外一面，就是女人面對的挑戰，男人和女人在這個世界上是一體兩面的。就像親子關係和父母關係一樣，把它反過來看就明白了。

　　夫妻關係的界限建立意義重大，它起著一個承上啟下的作用。

　　在我們進行親密關係、夫妻關係修復的時候，不可避免會用各自原生家庭的經驗。它是一脈相承的，一定是傳承並且交叉在一起的。很少有人自己與父母界限建立得非常好，從來不彼此侵犯，但是在夫妻關係中侵犯得很嚴重。

　　如果你在生活當中是容易被侵犯的人，那麼你的父母關係、公婆關係、夫妻關係、親子關係在各個方面都容易被侵犯。當你開始改善的時候，你開始一點一點從一個關係入口建立界限的時候，會發現慢慢地另外一個界限也開始清晰，另外一些人也開始慢慢尊重你了。

　　它是一個連鎖反應。

　　我們在夫妻之間需要建立的是人格獨立的界限。我在這裡跟大家分享一些好的觀念。

　　在婚姻中和另外一個人結婚，只意味著在你的人生旅途

上，遇到了一個你喜歡的、有趣的、想要同行的人，但是未來的人生路還是要靠自己走的。無論多麼親近，都沒有任何一個人，能永遠替你走。

你要從 A 點走到 B 點，這是你原本計劃的旅途。當你遇到一個人，你很喜歡他，正好他也要從 A 點走到 B 點，然後你們兩個結伴同行，一路上彼此有個照應。今天你幫我背包，明天我幫你送水，兩個人因為相互幫忙，旅途變得更加容易。這個過程中，有了分享會更加輕鬆，透過分享各自不一樣的看法，使整個旅途更加有趣。這就是婚姻的目的，讓我們在原本的旅途上，活得更愉快。

很多缺乏界限的人，骨子裡不認為結婚是找一個人同行。有些人結婚是想找個人替代自己做某些事，他走在自己的人生旅途上覺得好累，期待一個人能夠背著他走，不是偶爾背，而是一直背著他走。

如果有了這種希望，期待別人背著你走，你會發現，也許這個人剛開始因為愛你，他願意背你，但是背著背著他太累了，他就會想放下你。這時候，我們會說：「你當時已經承諾我了，你說你要背我的，你是個騙子，不信守你的承諾！」矛盾和衝突就開始了。

對婚姻的失望大多來自太多不切實際、不應該的期望。

[誰都不是救世主]

婚姻並不是救贖，另一半也不應該成為你人生的救世主，他只是一個陪伴。婚姻中沒有任何的義務可言。

我們結婚時宣誓的承諾似乎具有一些保障，但奉勸大家不要活在承諾當中。

如果你活在承諾當中，就會活在義務中；你活在義務中，就活在對彼此的要求當中，活在控制別人的生活當中。沒有任何一個人能夠真正控制別人，除非別人願意。

在封建社會，夫妻是典型的男尊女卑的從屬關係，但現在的婚姻早就不是一種從屬關係。

現在的婚姻制度是兩個人以平等的姿態，領取結婚證書，享有同等權利。無論男人還是女人，都有權利提出離婚。

離婚規則的出現和存在，是婚姻平等的展現，也表示婚姻中不存在任何的從屬關係。然而有些人活在現代，思想還在古代。

無論男女，總有人會有從屬心態，認為「我嫁給你，我這輩子都最好不要離婚；我娶了你，你這輩子都屬於我」。這樣的觀念非常落後，需要更新。

婚姻是兩個人心甘情願的平等結合，從本質上來講，沒有

任何實實在在的義務可言。也就是說，婚後兩個人為彼此做的任何事情，雙方都應該相互感恩。

有些家庭裡，男人負責養家，女人可能一輩子都不賺錢，女人應該對老公賺錢養家表示感恩。但同時，女人承擔了很多家庭中的家務，無論是做飯、做家事、帶孩子，男人也應該非常真心地對女人分擔的部分表示感恩。在我們戀愛的時候，這種平等的心理大多數人都會有。可因為我們對婚姻有一些不切實際的期望，有很多和事實不相符的概念，我們在結婚之後似乎就變了，變成了應該和理所當然。

我這裡有一個案例：女孩說她跟老公吵架了，因為幾桶水的事。買了幾桶水，兩個人要搬到樓上去，老公搬了一部分，然後說晚上再搬。妻子覺得應該一口氣搬完，老公還是堅持自己的想法。妻子開始自己搬，搬的過程中，兩個人你一句、我一句吵了起來。最後的結果很糟糕，妻子一摔碗，老公接著把所有的碗都摔了。女孩覺得很委屈：「你一個大男人，我都已經幫你搬了，你竟然還不動！」有些人理解男人的想法，勸女孩說，「其實男人也不容易，你看你自己偏要搶著做，非要規定人家什麼時候搬，是你不對」。

大家在這個例子探討當中，是否注意到背後的應該和託付心態？有些人認為，男人應該做勞力工作，搬水這種事情應該男人承擔，女人為你搬，你應該感激涕零。

　　實際上，這是一種很霸道的思想，有些男生會因此很苦惱。有男同學也提到過類似問題。他說，公司的同事都是女孩子，女孩子們理所當然地認為，勞力工作都應該是男孩做。

　　只要一搬水，她們就覺得應該男孩做，而且並沒有對此表示感激，反而認為你是男人，勞力工作就應該你做。

　　這種「應該」的思想是非常嚴重的侵犯界限。為什麼男孩子體力比女孩子好，就應該去抬水呢？如果女孩子是單身，沒有老公，她需要怎麼解決這個問題呢？可能她自己還是搬不動，可能請鄰居幫忙，可能請個人替她搬。請別人替你辦事的時候，會不會表達你的感激？會有理所應當的心態嗎？應該不會吧，那為什麼對自己的老公就會呢？

　　還有另外一種現象，伴侶相互報復性控制。比如，如果女人認為男人應該做勞力工作，她的老公可能做所有的勞力工作，她都覺得是理所應當的，也不會表達感謝，而且她會在男人不積極的時候生氣。這種情況下，男人也會進行報復性控制，「你既然覺得勞力工作是男人應該做的，那女人也應該做很多事情。比如做飯，女人是不是要比男人有天賦？所以她就應該做飯，還應該洗碗、擦地，這些事跟我沒有關係！」

　　正是基於這樣的思想，所以才會出現男人在家裡面，「油瓶子倒了，都不扶一下」。無論男人、女人，界限侵犯的思考方式

都一樣：你是我老公，你應該怎樣；你是我妻子，你應該怎樣；你是孩子媽媽，你應該怎樣；你已經嫁人了，你應該怎樣……

我們靜下心來想，其實所有的「應該」都是不應該的，它沒有確確實實的理由。對方為我們做的一切事情，都需要感恩。你們的結合是因為後天彼此喜歡，這種關係隨時都可能解體。

沒有任何一個人、任何一個制度保證，只要結婚，雙方就必須一輩子相親相愛，心甘情願做任何事。結婚之後的兩個人只要願意，隨時都可能離婚。離婚制度的設定是為了保障每個人在婚姻中的權利，它不是一個糟糕的制度，而是非常好的制度，它讓我們珍惜現在跟另外一個人相處的時間，但也讓我們有重新選擇的權利。

但是很多人都主動放棄了這個權利，認為離婚是羞恥的，也就是「身體在現代，思想在古代」。在夫妻關係當中，大家要建立的最重要的界限，是人格獨立的界限。你必須清醒地知道，即使你與一個人建立了親密關係，你們的生命歷程仍然是獨立的，仍然需要自己親自完成，沒有天然的義務和應該的責任可言。每個人要處理的問題，還是需要自己處理。只是有一個愛你的人能夠陪你了，如果你們的感情好的話，挑戰可以減輕一些，但這並不是他的義務，同樣，你也沒有義務和責任要為對方的人生負責。

不要求伴侶對自己的父母盡孝

任何人都應該把自己放在給父母盡孝的名單第一位。你要先對父母負責，其次才是伴侶來協助你，每個人都是一個獨立的個體。

不要在結婚之後，放棄自己獨立的人格。

否則，這會造成你們婚後有無數侵犯界限的事件發生。有些人被看手機，有些人看別人的手機，就因為潛意識裡認為：你既然跟我結婚了，你就應該對我毫無保留。我們在用義務捆綁對方。

戀愛之所以美好，是因為這種經歷和體驗很好。

今天見了他，明天還想見他，互相很想見，你喜歡他，他使你得到滋養，你才跟他在一起。而不是前面所說，無論你是否喜歡我，我都要把你鎖在身邊，這就像握在手裡的沙子一樣，握得越緊，漏得越快。

根本上來講，這還是思考方式、心態和價值觀的問題。你在婚姻當中期待什麼？你的期待是否符合實際需要？

如果大家在夫妻關係中，能夠建立人格獨立的界限，各自為自己的生命負責；建立明確的責任界限，把原本屬於自己的責任承擔起來，不要推卸給對方，不要活在任何承諾和義務當

中，不要活在理所當然的「應該」當中，你會發現夫妻之間百分之八十以上的問題都能解決，矛盾都能化解。

［心理空間界限］

親密關係中要建立的第二個重要的界限：心理空間界限。

很多人在婚姻當中有一種錯誤的觀念，認為「你跟我結了婚，你的心裡只能有我」。「只能有我」的概念是：你必須跟我分享所有心理活動，所有空間角落，你必須是個透明人，這才代表你愛我。

這是一種非常嚴重的心理空間界限的侵犯。

大家需要重新建立起一種觀念：婚姻是一種組合，不是重合。有人覺得「我們倆結婚了，就應該完全一樣，你要把所有的祕密告訴我，我也要把所有的祕密告訴你，我們兩個心知肚明，兩個人活成一個人才叫好」。那不叫好，如果兩個人結婚之後變成一個人，豈不是縮水了？這其實不是一件值得高興的事情。

我們要建立一種健康的心理空間，明白婚姻是一種組合，而不是重合。兩個人在一起有交集，還應該有很大一部分空間屬於各自原本的世界。如果有人在沒有結婚或者剛剛結婚的時

候就能夠有意識，建立起人格獨立的界限和心理空間的界限，那真是非常幸運，未來會少走很多彎路。

給大家一個非常中肯的建議：結婚之後千萬不要放棄自己的圈子，不要放棄自己的愛好，不要放棄自己的世界，不要放棄自己的任何東西。

婚姻應該為我們的生活增加一些東西，而不是讓我們的生活減少一些東西。

兩個都擁有自己世界的人組合在一起，會收穫雙倍的美妙世界。

如果兩個人拿著各自的世界合成一個世界，你會發現矛盾、衝突重重。因為我們的成長背景不一樣，我們的人生追求也不可能完全一樣，我們心裡的想法也不一樣，強制要求它重合，那豈不是要雙方都砍掉自己個性的一部分？每個人都會感覺不舒服，不要要求在婚姻當中讓兩個人重合，把它看作一種組合，尊重對方和你不一樣的地方。

婚姻當中相處和諧的祕訣和任何類型祕訣一樣，四個字 ──「求同存異」，允許對方和你不一樣。

曾經有個女孩非常生氣地來找我。她覺得老公背叛了她，並且為此跟老公大吵一架，半夜摔盆子、摔碗地吵架。我問她：「發生了什麼事，讓你這麼生氣？」「老師，他背叛我！」「怎麼

了？」「他竟然一直在跟我聊一個女人！」「事情有點嚴重，什麼女人呢？」知道答案的時候，我忍不住笑了。

那個女人是誰呢？竟然是男孩小學時代的初戀。男孩小時候早熟，五、六年級喜歡一個女孩，當時年紀小又不太懂，沒有勇氣表白。一直到他四十多歲，變成了一種遺憾。

那天他們看了一部電影，想起這段往事，他就跟妻子說起來，覺得特別遺憾，想起當年的女孩、當時的自己。明白了他的心境，妻子受不了，大鬧特鬧，她覺得「既然這麼多年心裡還想著，那你一定是很愛她！你未來會不會找她？你是不是有可能背叛我？」

實際上，這是典型的侵犯對方心理空間界限。男生小學時代可能十一、二歲，這可能根本跟愛情無關，它是青春的美好，甚至連情竇初開可能都算不上。懵懵懂懂、兩小無猜，每個人小時候可能都有。

跟心愛的人去分享一些年輕時候的事情是很美好的，但是如果對方的心量不夠，可能會變成一場災難。妻子會如此生氣，不難發現她有一種很強烈的占有心態。

她的婚姻觀點是獨占心態：你愛我，那麼不光在你遇到我之後不可以愛別人，甚至要抹去你過去的記憶，你遇到我之前喜歡過別人也是不道德的。實際上，這是非常強勢的、霸道

的、侵犯空間的想法。

　　我們在另外一個人心中再重要，也只是他生命當中的一個角色而已。如果在你的世界裡，他是你的全部，那是你的事，是你心甘情願把你的世界抹掉，讓你的另一半成為你世界的全部，你會沒有自我，這是一個需要調整的狀態。

　　當一個人的世界被另外一個人全部占滿的時候，從長遠來看一定是不快樂的，這相當於你放棄了你的旅程，為了另外一個人完全改變你的旅程，你總會想要回到自己過去的歷程，因為你違背了自己的生命歷程。

　　有個同學的言論，特別讓我感慨。他說：「我發現原諒自己比原諒別人難多了，很後悔自己當時做的那些違背自我本心的事情。」他發現對自己的悔恨、憎恨，遠遠超過對別人侵犯自己的憎恨，這個感受非常真實。

　　在做各式各樣個案的時候，我發現最難療癒的就是對自己的痛恨。

　　悔恨自己當初做的決定，悔恨自己作為一個參與者，允許別人傷害自己。一個為了伴侶放棄自己的人，無論男女，他終究會花很長的時間，在痛苦當中再把自我找回來的。如果你能意識到，就儘早守護好自己，保護好自己。

　　因此，在夫妻之間的親密關係中建立的第二個重要界限，

是心理空間的界限。允許彼此能夠有一些自己的想法、自己的空間，只要這些想法不傷害對方，都可以存在。

婚姻需要求同存異

很多時候是因為對方和自己不一樣，你才愛他。因為他和你不一樣，他才吸引你。

界限，不外乎是對別人侵犯自己的事情說「不」，堅決地說「不」，溫柔堅定地說「不」，對自己特別在意、堅守的事情堅定地守住，不惜一切代價地守住。

我們守住的是什麼？堅守的就是我們真實做自己的權利。

在婚姻當中，我們想做自己，對方也想做自己，在婚姻中能夠做真實自己的夫妻，才是幸福的夫妻。

你與另外一個人結婚，你的生活非但沒有因為對方的加入變得更糟糕，反而在保持自我的情況下，收穫了另外一種補充、另外一種陪伴，你變得更好了，這是婚姻美好的地方。

很多女孩子會問：「我為什麼要結婚？」這是一個非常好的問題，如果婚姻不能實現這種功能，你為什麼要結婚？你要問問自己，到底為了什麼？有時候，如果你在夫妻關係中出現了很多界限侵犯的事情，不妨靜下來，按照這個思路整理：

第一，問問你自己，婚後仍然保持獨立的人格嗎？

第二，婚後你們夫妻彼此之間，仍然尊重對方的心理空間嗎？

第三，當初你結婚到底為什麼？

第四，你的要求符合實際嗎？能夠實現嗎？是否需要調整？

哪裡不舒服，哪裡就需要建立界限

在親密關係當中，有朋友和同事關係，同樣也有關係的界限。對於朋友和同事關係的界限，它的原則與親密關係一樣。我們要清楚需要建立什麼樣的界限，它取決於你的需求。跟人交朋友，你對朋友有哪些期待？你為什麼跟他交朋友？他能夠給你帶來什麼？你能夠給他帶來什麼？當這些答案清晰的時候，你就知道界限應該設立到什麼程度。

比如，你跟好朋友的關係，你希望他能夠給你的生活帶來快樂，你也能夠給他帶來快樂，你們在一起很舒服、有營養。但是你發現，你們在一起已經沒有什麼營養了，他說的話讓你很難受，違背你交往的初衷。也許因為你們價值觀不合，也許因為你們是不一樣的人。

在這種情況下，他讓你不舒服的地方，就是你需要建立界限的地方。因為這已經違背你的初衷，再繼續下去，你就只有

委曲求全。

有同學問，朋友圈應該怎麼處理？有人讓我不高興，我該不該隱藏他呢？朋友圈是我們生活中一個錦上添花的工具，它應該給生活帶來美好。如果有人讓你很難受，你當然可以依照自己的心思做任何的事情，隱藏也好，通知他也好，或者忽略他也好。有時候我們不敢說，不敢拒絕，是因為你沒有想明白你到底要什麼。

你在乎別人的開心，遠遠多於在乎自己的開心，結果就是你總是不開心。

情侶關係、朋友同事關係，建立界限的原則是類似的。

課後思考

根據這個原則，請大家結合自己的情侶關係、朋友同事關係，總結自己在關係當中是否保持獨立的人格。

尊重的例子有哪些？不尊重的例子有哪些？如何建立這樣的心理空間？如果你發現，自己有不尊重對方心理空間的事情發生，寫一寫應該做哪些事情來尊重自己、尊重對方的心理空間。請大家先硬著頭皮寫下自己認為可行的解決方案。在這種情況下，我才會最大限度地幫助到你。如果自己不思考，不想解決方案，別人的答案，也未必能入得

了你的心。因為最了解自己的還是你，其他人只能是協助。

我們要學會用自己的能量去解決自己的問題，而不是永遠把問題拋給別人，這是學會建立界限、承擔自己人生責任的重要的步驟。

授人以魚，不如授人以漁。如果大家能夠學會設定親密關係中的界限，就已經開始學習自我療癒的方法了。學會自我療癒的能力，比直接索取答案，從長遠來講，會更有幫助。

第五課
建立自己身體的界限

關於這件事情，網路上的評論鋪天蓋地。

網路上有兩種聲音，一種聲音指向家屬，認為孕婦是被老公、婆婆逼死的。她疼痛難忍，多次要求剖腹產，甚至跪在地上求自己的家人，但是醫院要求家屬簽字。老公和婆婆拒絕簽字，導致她不能剖腹產，最終疼痛難忍，心中絕望，跳樓自殺。

還有另外一種聲音指向醫院，但醫院強調，事實是家屬拒絕使用剖腹產，最終導致孕婦絕望，採取極端的方式來解決絕望和疼痛，雙方各有說辭。

我們作為局外人，不是事情的經歷者，得到的資訊也有限，很難知道事情的真相，只能根據零散資訊，自己總結出一個真相。

這件事情到底是誰的過錯？作為外人，真的很難評判清楚。

很多網友對這件事情憤憤不平：「女人在生孩子這件事情上相當於在鬼門關走了一遭，在這麼關鍵的人生重大抉擇時刻，竟都沒有自己簽字的權利，沒有決定自己生育的處置權。」

［身體的權利］

生孩子的是我，為什麼我不能決定採用什麼方式生產？

無論事情的真相到底如何，它都會引起一個有價值的思考：我們身體的權利到底屬於誰？

　　在西方國家，這個問題的答案非常清晰，我們身體最終的決定權一定是歸於自己。西方的文化基礎是經濟上的私人財產神聖不可侵犯，崇尚個性、崇尚自由，非常尊重自我意志的決定。當事人對自己的身體具有最大的決定權，無論從法律上還是觀念上，這一點的定義和界限非常清晰。

　　類似的事情如果發生在美國或者澳洲，除非是病人本人處於非常極端的情況，以及完全不具有清楚意識做決定的狀況，才可能去徵求家屬的意見。有時候，醫生有可能駁回家屬的意見。

　　在生命攸關的時候，如果家屬的意見非常不利於病人健康狀況，醫生在法律上有權利代替病人做決定。在西方國家，即使是關係最密切的家屬如果越界簽字，提一些不合理的要求，也有可能是犯法的。

　　我們華人現有的法律體制，還沒有那麼完善。很多大醫院裡，病人在意識清醒的情況下，應該由當事人自己來簽字。在這個事件裡，孕婦寫了一份授權書給她丈夫。這種法律上的不完整，無論對病人還是家屬，確實很多時候有無奈的地方。

　　例如，在醫院裡，我們可能不知道要簽字的具體是什麼內容，密密麻麻一大堆，醫生遞給你一大堆表格，在沒有想太多的情況下，我們會拿起來就簽字。經過觀察，我們很容易看到，因為越界不尊重的原因，導致可能發生的悲劇。就像在這個例子中，即使孕婦當時沒想那麼多，把最終手術的權利交給

自己的丈夫，可是當她在清醒狀況中的時候，理應有權利隨時收回自己的授權。

我有很多朋友是在澳洲本地生的孩子。在生孩子的過程中，澳洲當地的醫生往往最在意、最重視與孕婦本人的溝通、交流。有些醫生非常體貼，全程會握著孕婦的手，反覆詢問她，並不斷給她提供減輕痛苦的一些選項，例如「你是不是很疼？你要不要打無痛針？你想不想選擇水中分娩？你要不要聽一些你喜歡的音樂？」等等。所有的流程重點關注在產婦本身的感受上面，沒有人會不停地問家屬。

在華人社會有一個普遍的現象，在上述情況發生的時候，醫生很在意家屬的看法，也可能是比較無奈的原因，發生家屬醫鬧的事情不少。近年來已經有好幾個不明原因，醫生在家屬醫鬧過程中喪命的事件。

當然，我反覆強調這些是新聞事件，我們作為局外人沒有辦法了解事件全部的真相，只是猜測而已。真正的真相可能只有當事人自己知道。無論這件事情如何，都提醒我們，當我們踏進醫院的時候，無論在華人社會還是西方，我們需要把自己身體的決定權掌握在自己手裡，這非常重要，而不是把它交給其他任何一個人。這並不代表不信任家人，它代表的是我願意、我希望能夠掌控我的身體和生命。

　　事件當中很多人批判她的丈夫和婆婆。至今在華人社會，仍有很多人尤其是老一輩的人，堅信順產絕對比剖腹產好。他們認為剖腹產是極具破壞性的、很糟糕的生產方式，不到迫不得已、危及生命的時候，盡量不用剖腹產。

　　所以，很多女人在生孩子的時候承受了更多的痛苦。我的好幾個朋友，在生孩子時經歷了兩輪痛苦，剛開始是為了傳統觀念努力想要順產，等到實在不行的時候，選擇剖腹產，相當於走了兩道鬼門關。生產成為她們一生中非常難過的經歷。

　　雖然聽醫生的建議是對的，因為醫生是專業的人，做的是專業的事，他們在醫學上對身體的了解、對整個生產過程的了解比我們普通人深。但是如果你是患者，躺在病床上，無論男女，我們在聽取醫生意見的同時，還需要特別注意聽取自己的心聲，聆聽自己的感受。

　　人和人有非常大的差異。我們的訓練營裡一直在講邊界，各式各樣的邊界。邊界是我們透過各方面的調解、選擇、拒絕形成的一個真實自我的空間，對讓我們產生難受的事件說「不」，不斷給自己信心，爭取自己應該有的權利，保護自己的感受。

　　邊界為我們爭取的是最大化的自由意志，保障我們能夠完完全全按自己的想法生活，包括在身體上也一樣。

　　在我們的身體上，誰的感受最真實的呢？自己的感受最真實。

　　任何一個生孩子的女人都會非常痛，絕對不會有人說不痛，但是疼痛的程度和敏感度是因人而異的。

　　有些人可能痛點沒有那麼低，能夠忍受的程度比一般人高，生產的過程比較順利，或者身體狀況比較好。

　　有些人可能平時的痛點就非常低，生孩子的痛比一般人更嚴重，這是再正常不過的事情。

　　但是，千千萬萬的女人因為自己的差異性不被認可，在生孩子的過程當中承受了非常多的痛苦和陰影。很多人在生孩子的分享體驗上都提到，自己當年躺在產房裡面，家屬不理解、醫生護士不理解：有人說：「別人都生孩子，怎麼就你不行？」有人說：「人家都能順產，你怎麼偏要剖腹？」

　　所有的評論，都是局外人站在他自己的立場來評論當事人的感受，實際上這是非常嚴重的越界行為。

　　大家要記住一句話：「你不是她，你永遠不知道她真實的想法是什麼，別人也不是我們，局外人也永遠不知道你真實的感受是什麼。」

　　我們面對自己的時候，更需要拿出一百萬分的勇氣保護自己。你一定要知道，這個世界上最了解你感受的人只有你自己，其他任何人都不知道，你需要付出最大的努力去保護你自己，這是我們想跟大家分享的。

［我們身體的權利是屬於自己的］

建立身體邊界的第一條，就是明白我們身體的權利是屬於自己的，建立身體邊界最重要的是尊重自己、對自己身體的掌握權，保護自己在身體上的權利。尤其是重大疾病的處置權，或者是在醫院的決定權，大家需要更有意識地保護自己，擁有身體的處置權。

曾在新聞上鬧得沸沸揚揚的瓊瑤事件，大家可能還有印象。瓊瑤的伴侶生重病，躺在醫院陷入昏迷狀態，瓊瑤和她先生的子女發生了很大的爭執。關於她先生應該如何治療，瓊瑤認為，她先生在清醒時，明確表達過不希望自己過度醫療，不希望自己躺在醫院裡插管，應該聽從他自己的意願。可是他的子女希望延長爸爸的生命，繼續治療，兩方就在醫院裡爭吵，雙方各執一詞。

有人覺得瓊瑤做得對，尊重當事人的意願，希望當事人不受罪。子女批評瓊瑤，覺得她太自私，只考慮自己的感受，明明爸爸還有很大的希望活著，她卻想放棄治療。

聽起來好像各自都有道理。事實上，最關鍵的是誰呢？最關鍵的是，作為他的妻子、孩子、醫生，所有當事人之外的局外人，能否最大限度地接受當事人自己的意願，這才是最關鍵的。

　　大家是否想過，有一天你躺在醫院裡，也許因為重大的疾病，也許因為一個小手術，我們自己身體的處置權能否百分百完全自己說了算，這是非常重要的權利。

　　目前華人社會的現狀，自己重大的身體處置權很多時候交給了家屬，我們給了家屬太多的權利。很多老人重病後，永遠是家屬來簽字，家屬決定病人的生死，決定插管還是保守治療。這是非常可悲的現象，很多時候會演變成愛的名義下的嚴重越界。

　　一個老人得了癌症這樣非常重的病，我們習慣性會和醫生、家人一起瞞著病人。這看似是好主意，但是我們剝奪了病人對自己身體的了解和決定權。在澳洲，即使對癌症病人，所有的醫生也會堅持跟病人溝通，醫生把治療方案的決定權交給患者本人，除非極端情況，比如病人陷入嚴重昏迷，根本無法交流，才會輪到家屬做決定。

　　很多癌症晚期的病人，沒有權利享受安靜，人生只剩最後幾個月，卻被家人道德綁架，接受一輪又一輪的治療。這是非常可悲的事情。

　　一切都要尊重當事人的意願，如果當事人自己願意接受治療，當然是好的；如果當事人不願意，最好的方式是允許當事人按照自己的想法做。雖然對家屬來說很困難 —— 不捨得讓我

們愛的人受苦，不捨得讓我們愛的人去世，確實非常困難。但我們應該尊重本人的意願。

有同學曾問過一個問題：「老師，我的先生經常酗酒，我管他也沒有用，我沒辦法尊重他，因為酗酒對身體不好。」

也有同學問：「他熬夜對身體不好，我怎麼能置之不理呢？我不管他不就是不愛他、不關心他嗎？」類似的問題特別多。

有時候，我們對身體健康的擔憂嚴重跨越到另外一個人身上，擔心父母的身體、孩子的身體、伴侶的身體。以擔心和愛的出發點，會特別容易想要干涉、控制對方對身體的掌握：比如「你應該多喝水，你應該早起，你應該吃健康的食物，你不應該抽菸，你不應該酗酒，不應該熬夜」。我們用很多「應該」、「不應該」試圖控制對方的身體，目的是為了保證對方有健康的身體。很多人做這件事情，都覺得自己是對的，「因為我在愛他，為他好」。提出這種問題的人，在生活中雖然目的是好的、初心是好的，但是對他人的干涉、勸導、控制，幾乎都沒有用。

酗酒的人很難因為別人的勸說把酒戒掉；

常年抽菸的人除非自己下定決心，很難因為天天被嘮叨就戒菸。

長期熬夜的人也很難因為父母的勸說，就不熬夜變成早睡的人。

[誰的身體誰做主]

　　首先，從本質上來講，我們對別人身體的干涉和影響非常有限；其次，這在某種程度上是一種間接的控制和干涉。我們會干涉別人的身體狀況，要求別人必須健康，背後的邏輯是對方的身體和生命，到底屬於誰的問題。

　　在講親密關係的時候，我們講過從屬關係。有人結婚後會干涉自己的伴侶，尤其很多男人會干涉老婆，因為潛意識裡是一種從屬關係。

　　他覺得，「你嫁給我，你就是我的人。所以我要干涉你，讓你活在我的控制之下，活在我理想的狀態當中，我才高興」。由於從屬關係，我們認為，「你既然與我結婚，你就應該跟我走完一輩子，你必須得長壽，必須健康，否則你就是對我不夠愛。你口口聲聲說愛我，萬一你身體不健康，你怎麼愛我？」其實，這是因為從屬關係導致的控制關係。

　　有一句話是「身體髮膚，受之父母」。

　　因為這樣的原因，很多的年輕人如果想要紋身或者穿耳洞、鼻環，就會受到很大的非議和批評。大家在批評他的時候，會拿出這套說辭，「身體髮膚，受之父母」。你的身體是父母給的，你不可以破壞它，不可以隨便打洞，不可以在上面紋

圖案，這些話是不是很常見？

如果換一個思考方式，我們在講父母關係的時候，提到父母經常會對自己講：「因為你是我生的，所以你應該聽我的；因為我生了你，所以我不允許你過這樣的生活；因為我生了你，你的身體、你的命都是我給的，所以你不可以自己隨意處置，你不可以嫁給這個人，你不可以做這份工作。」

仔細想想，這兩種現象是不是非常相像？看起來不一樣，本質上卻一模一樣。我們認可「身體髮膚，受之父母」，基本上我們所有的問題都無法擺脫父母的控制，因為我們從本質上是理虧的。

父母生了我，我這一輩子都欠父母的，永遠還不清，所以我不可以親自處置自己的身體。我紋身要得到父母的認可，我穿耳洞必須得到父母的認可，萬一不小心損傷了身體，我就是大不孝，對不起我的父母。當大家深入思考從屬性的時候，就知道這種觀念，包括身體上的從屬觀念都是非常禁錮的，它剝奪人的自由意志。如果一個人連自己的身體都不能做主，真的非常可悲！

身體的界限第一條建立原則是保護我們的身體，拿回我們對自己身體的掌控權，你的健康你做主，你在身體上的重大決策權，請自己做主，沒有任何人能替你承擔。

　　我以前經常跟同學講，「不要亂操心親人的身體，如果他生病，他的疼痛你能替得了嗎？你代替不了；如果他身體健康，因為他身體健康得到的好處，你能拿走嗎？你也拿不走，一切因果皆是當事人自己承擔。」

　　如果大家能夠想明白這個道理，我們就學會了尊重。

［收回自己身體的權利］

　　生病難受的是他，健康得好處的也是他，其實這一切都跟你沒有任何關係。

　　那我們應該怎麼做呢？我們擔心他、關心他，唯一能做的是給他純粹的愛。

　　他生病你照顧，他健康，你跟他一起分享快樂。你擔心他，就做一些力所能及的事情，化解自己的擔心，而非試圖改變對方。

　　本質上，我們沒有能力改變對方，一切都是徒勞，只能讓自己不開心。

　　你要收回自己的權利，能夠盡量在身體上活得有底氣，不被愛的思想意識控制。

　　每個人在自己生活的各方面，多一點自由意志的掌控權，

對身體尊重的界限

我們的人生就會幸福一些。要建立自己身體的界限，把自主權拿回自己的手上。

期望能有越來越多的人意識到，自己對自己的重大疾病有決定權，對自己的身後事有決定權，這是一種非常高的尊嚴。我們的自我能夠決定身體的去處、身體的處置方式。

現在很多人越來越有意識，在清醒的時候立遺囑。

華人覺得這是非常不吉利的事情，我們不敢談死亡，更不敢立遺囑，覺得很晦氣，實際上，它是非常進步的思想。

在你能做主的時候，把你的遺囑寫好，寫得詳細一點，才不至於最後淪落到非常被動的狀態。

對身體尊重的界限

身體界限的第二條：我們需要建立對身體尊重的界限。

什麼是對身體尊重的界限？實際上，現在仍然有很多人沒有身體尊重的概念。

有一年，我在排隊買票坐機場專線地鐵。在門口排隊買票的過程中，我感覺非常不舒服。排在後面的人緊緊地貼著我，其實沒有那麼擠，但是她習慣性地貼著我。雖然她是女生，並不會讓我感受到騷擾，但是她貼得很近，我還是很難受。她時

不時地踩一下我的後腳跟，碰一下我的後背。我回頭看看她，她一副完全沒有感覺的樣子，覺得跟她沒有關係。在這個過程當中，我被對方無意識地碰了十幾次身體，我覺得非常不舒服，這就是典型的不尊重別人身體邊界的現象。

這種事情還發生在跟別人初次接觸的時候。可能你跟對方不熟，但是對方會很隨便地拍拍你。甚至有人在馬路上請教你問題，他說：「小姐，請問這條路怎麼走？」他甚至會毫無徵兆地靠上來，拍拍你的肩膀，碰碰你的手。完全陌生的人碰我的時候，我非常不舒服。也許有人不介意，但有人很敏感，這都屬於不太尊重別人身體空間、身體邊界的現象。

有些帶孩子的家長會遇到這樣的煩惱。如果孩子特別可愛，可能煩惱更多。當家長把孩子抱到街上，或者去公園散步，可能很多人會圍過來，比如其他小朋友的家長。他們看孩子可愛，在沒有經過家長同意的情況下，摸摸孩子的頭，掐掐孩子的小臉蛋，甚至有時候更越界。

有些小男孩的家長不太有邊界意識，給小朋友穿上開襠褲就出門了。大人們看著小朋友可愛，時不時地摸一把小朋友，然後還逗逗孩子：「這是什麼呀？讓我摸摸。」

可不可以尊重一下孩子的隱私？在這種情況下，我們會發現，太多人完全沒有尊重對方身體界限的意識。

對身體邊界的踐踏，最容易受傷的是孩子。

很多人還在給孩子穿開襠褲，有些父母甚至帶著自己的孩子在公共場所隨地大小便，讓孩子的隱私部位隨便暴露。實際上，這是一種非常不好的行為，對孩子深層次的傷害可能是伴隨一生的。

很多孩子小時候，被大人們隨意侵犯身體邊界，隨意觸控他們的身體，甚至玩弄他們的隱私部位。這對男孩、女孩的影響都很大。很多小男孩可能到了四、五歲，他開始有點性別意識，開始意識到自己那個地方是很隱私的，不應該被別人觸碰。如果大人還在不斷地越界，孩子可能會很生氣、很憤怒又很羞恥，會給孩子帶來非常複雜的、深層次的負面影響。

我在第一節課講過，因為我們缺乏邊界的意識，缺乏性教育，很多孩子在小的時候被侵犯、被猥褻甚至被性侵。因為很多人欠缺這方面的意識，我們不知道怎麼教育我們的孩子尊重和保護他的身體。

很多人把身體直接等於性，覺得我們談論身體就等於談論性，而談論性是可恥的，所以大家就集體忽略了這個問題。

很多人從小到大，沒有從任何正常的途徑學到過對身體的尊重，一個人對身體不夠尊重，他的自尊也是不完整的。

[你仔細觀察過自己的身體嗎？]

有很多人，因為對自己身體的不了解、不自信，缺乏這方面正確、健康的知識，而沒有辦法尊重自己的身體，導致自己的自信總是缺一塊。

例如，很多女孩一輩子不滿意自己的身材，覺得自己這裡胖了，那裡短了，這裡醜了，那裡不均勻了。

我們對身體充滿了嫌棄，很多女孩甚至從來都沒有正視過自己的身體。

我曾經問過學生：「我們班上有多少個人真正站在鏡子前，完完整整、仔仔細細地觀察過自己的身體？」然後班上沒有一個人舉手。

他們說：「自己活了幾十年，從來沒有完整地觀察過自己的身體。」

我問：「為什麼呢？」他們說：「那多尷尬、多害羞，看它幹嘛？」也有人說：「沒辦法看，我一看到自己，就覺得這是贅肉、那是贅肉，不欣賞、不好看。」

很多人從小到大的成長過程中，對身體有非常多的嫌棄和指責，缺少關心和尊重。

很多女孩在月經初潮的時候，非常慌張，完全搞不懂發生

154

了什麼，她們驚慌失措地跑去問媽媽。有些媽媽可能直接丟給孩子一個衛生棉，告訴她用衛生棉，不解釋也不教導，不陪著孩子度過，而是想快速敷衍過去，讓孩子自行解決，因為媽媽覺得很尷尬。

大家想想，我們的父母為什麼覺得尷尬，不願意討論這些問題呢？骨子裡還是覺得，討論這些問題很羞恥、很不雅，很不應該。當然他們也不懂如何去說，因為他們的父母也沒有教他們。

當孩子剛產生第二性特徵，身體開始發育的時候，都經歷過各式各樣難受的階段。有些女孩身體發育了很不適應，自己搞不清楚，學校不告訴她們正在經歷什麼樣的階段，爸爸媽媽也閉口不談。

我曾經接觸過一些個案，他們在青春期的時候，由於媽媽疏忽教育，特別自卑。其中有個個案是一個發育很早的女孩，在年紀很小的時候，她的胸部就已經非常明顯。她覺得自己應該像大人一樣穿胸罩，因為胸部已經蓋不住了，穿沒有胸罩的普通小背心，會覺得特別不舒服。學校裡的男孩子也會恥笑她，大家在背後默默地議論她，有人甚至給她取很難聽的外號。在她非常難堪、非常需要幫助的這段時間，媽媽卻像沒看見一樣。她因為不懂和害羞，也不敢正面提出要求，結果過了好幾年，媽媽才開始給她買胸罩。

　　女孩和我講自己故事的時候，已經三十好幾，也做媽媽了。當年的經歷仍然讓她非常痛苦，是她成長過程當中難以磨滅的陰影。

　　這種事件是典型的對身體不尊重，我們的社會教育、家庭氛圍，缺乏建立對身體尊重的界限。

［公共場所的身體界限］

　　我們對自己身體不了解、不正視、不面對、不尊重，更談不上欣賞。這是社會教育的缺乏，很多人在成年之後依然不尊重自己的身體。

　　有些人可能沒有辦法做到穿著得體。夏天的時候，大街上仍然可以看到很多男子，打赤膊往樓下一坐，大家覺得這很正常。實際上，在很多國家，只有在沙灘上，大家才會打赤膊。如果在一個正式的場合、正常的街上，看到男人把上衣脫掉，大家會認為這是很不尊重的行為，既不尊重自己，也不尊重別人，因為穿著不得體。

　　我記得有一年夏天時，在一些社區樓下，隱隱約約看到很多男子打赤膊，穿一件已經被洗得半透明的內褲。如果不是因為燈光昏暗，你可能什麼都看得見。男子穿一件非常不合適的

衣服，坐在大馬路上搧扇子。來來往往的人有小女孩，有小男孩，有年輕人，有小朋友。當你一旦有意識的時候，會覺得好尷尬；但是很多人沒有意識，大家覺得很正常，這是思想觀念的問題。

一個人在自己的價值觀裡面，覺得自己的行為都是正常的。

例如在今天的印度，有很多印度人認為，人可以隨地大小便，應該在大自然中排泄，他們覺得這是非常正常的。

但在華人社會，即使在大城市，仍然有一些男人會在沒人看得見的地方，可能找個角落就小便。有一部分人，會找個地方隨地大小便，還帶著小朋友隨地大小便，這種事情不少。它是一件需要改變的事，需要一代一代努力才會越來越好。這種越來越好，也是大家越來越開始尊重身體界限的展現。

［尊重孩子的身體］

我們在身體上，除了掌握自己的身體權利，還需要建立對身體尊重的界限。一來尊重自己的身體，二來尊重別人的身體空間，不隨便觸碰別人的身體，減少不必要的、不尊重的身體接觸。當別人觸碰到你時，我們要表達自己的不舒服，試圖能夠讓對方有所收斂。

尊重自己的身體還包括需要正視自己的身體，需要愛護自己的身體等。

當孩子慢慢開始學說話的時候，就逐漸具有很強的自我意識。即使孩子很小，在涉及孩子身體問題時，哪怕是自己的小孩，我們也需要尊重。

你尊重他的身體，會帶給他身體上的自尊。孩子長大之後，也會非常尊重自己，這是父母能夠給孩子的極大的保護。

現在越來越多的家長意識到，應由同性父母帶小朋友上廁所，盡可能不帶孩子到異性的公共澡堂洗澡。當然，我們很多硬體條件也在改善，有些地方雖然還達不到，但是也越來越好了。父母會專門帶同性的孩子上廁所，不再是爸爸帶著小女孩去男廁，媽媽帶著兒子去女廁。這可能是一個長期的目標，但至少大家越來越有意識。

身體教育從小開始

最後，我要談另外一個關於我們身體上的界限 —— 缺失的性教育。

很多華人對身體的不尊重，來自對性的不尊重。

華人社會曾經談性色變，我們談到性，就會感覺很神祕、

很羞澀，甚至有人覺得很不堪。如果你跟別人談性，他就覺得你很無恥。這樣的觀念，仍然是我們身體教育最大的障礙，如果沒有性教育，幾乎沒有辦法全面尊重、認識自己的身體。我們身體上最神祕、最重要的地方就是性。現在的小孩仍然缺乏性教育，我們不知道如何正確看待自己的身體。

孩子開始有性別意識的時候，他們沒有受相關教育。如何認識自己是一個女性？如果自己是個男性，那麼女性的身體是怎樣的？他們的差別是怎樣的？我們應該如何去看待自己的身體？我們的身體可以用來做什麼？

如同之前談到的，女孩在自己月經初潮時不知所措，其實男孩在發育期也會有類似的狀況。在我們生理期發生重大變化的時候，如果沒有足夠的知識、支持與了解，會導致對自己的身體有很多扭曲的誤解。這也是由於缺乏尊重。

很多媽媽缺乏性教育，對孩子在性方面的保護做得不夠。

在華人社會有很多低齡化的小朋友，年少的時候受到過性方面的侵犯，被猥褻或者被性侵。可悲的是，很多小孩在被性侵之後，不知道經歷了什麼，甚至被猥褻之後，根本不知道這是對自己的傷害。孩子只有朦朦朧朧的感覺，好像覺得不太舒服，似乎不對，甚至意識不到自己在受傷。

大家想想，這是多麼可怕的事情，孩子意識不到被別人摸

是侵犯。

因為在孩子小的時候，街上的大人們可能順手就摸了一把，那個時候大家哈哈一笑，覺得這很正常，甚至覺得很好玩。在這樣的氛圍下，如何能夠給孩子強烈的隱私保護意識呢？這是一個非常嚴重的問題，也恰恰是現在華人社會特別缺乏性教育的問題。

有男同學提了一個關於性教育的問題。他自己作為男生，在性方面經常很困惑。他不知道如何看待性，不知道在性方面跟他現在的女朋友，或者未來的伴侶，應該如何互動。在性方面進行到哪種程度是合適的，是既尊重自己又尊重對方呢？他的問題是非常普遍的問題。

有的成年人跟異性交往，在戀愛期間或者婚後，對性難以啟齒，不好意思去了解，或者他想了解，了解的管道也非常少。因為這方面知識的缺乏，在戀愛，以及婚後的親密關係、性生活方面會遭遇很多問題，原因就在於我們性教育的缺失。

性教育分兩方面，一方面是針對孩子的性教育，另一方面，我們自己也需要完善。

現在越來越多的家長意識到，應該大大方方地談性，大方跟孩子談性並不是可恥的，它對孩子是必要且安全的，是急需的。

性教育能夠避免我們的孩子對性一無所知，避免他未來遭受壞人的侵犯；另外，性教育可以建立孩子對自己身體的認知，讓他對身體成長、變化過程有健康的認識。

我給大家推薦幾本適合做兒童性教育的繪本。

《小威向前衝》（*Where Willy Went*）是美國的一個作者寫的，是一本在性教育方面很有名的繪本。它談論的是關於出生的教育，告訴孩子，我們的生命是怎麼來的。

請父母不要告訴孩子，他們是送的，或者被撿來的。甚至有些媽媽跟孩子生氣的時候，會說孩子是馬路邊撿來的、垃圾堆撿來的。

小孩子的世界裡，分不清玩笑和事實，孩子會把無意義的玩笑當作事實。

請不要輕易跟孩子開玩笑，用健康的方式，大大方方地告訴他們，孩子是怎麼來的。

推薦一個系列叢書──「東方兒童性教育繪本」。其中一本《我的弟弟出生了》特別適合有兩個以上孩子的家庭。推薦想要生第二胎的家庭提前看一看，這本書會告訴孩子，所有的孩子都是爸爸媽媽愛的結晶。如果你想要二寶，推薦跟現在的大寶寶一起看這本書，它能夠幫助孩子更好地接受他的弟弟或妹妹。

這個系列的另外一本《我是女孩，我弟弟是男孩》詳細地告

訴孩子，男生和女生身體的差別，而且還附帶可愛的圖片。它會告訴我們，男孩子上廁所和女孩子上廁所有什麼差別；男孩子洗澡和女孩子洗澡有什麼差別；男孩子長大身體有什麼變化，女孩子長大身體有什麼變化……

其實，很多成年人也應該看看這些繪本。我們雖然已經長大，但是父母並沒有教我們這方面的知識，現在可以自己學習補回來。書裡面涉及的一些基本的知識，很多成年人可能並不知道。

另外，單獨推薦給女孩一本書 ——《女孩，你該知道的事》。這是寫給青春期少女的書，但是每個成年的女性都可以看一看。

按照我的經驗，無論二十歲、三十歲、四十歲還是五十歲，可能我們在青春期的時候，大部分父母也沒有給過我們這樣的教育，學校老師更沒有。我覺得我們現在可以補起來這部分知識，而不僅是讀給小朋友。書的內容非常詳細，很多女孩成長過程當中缺乏的知識，都能在書中找到。例如，女孩長大了，當她身體發育到一定程度需要穿胸罩，她應該穿什麼樣的胸罩，每一種胸罩有什麼樣的特點，分別適合什麼樣的人群，這是一本關於女孩成長的科普書。

單獨推薦給男孩的書 ——《男孩子的祕密》。這是一個日本的作者寫的，專門寫給小男孩看的。建議男生、爸爸們都能夠

看看這本書，教育兒子、教育自己都有用，裡面有很多關於男孩身體的知識，特別有意思。

建議已經為人父母的夫妻抽空讀讀《女孩，你該知道的事》和《男孩子的祕密》這兩本書。你會同時了解女孩和男孩的身體。這些知識，我們本來應該知道卻可能並不知道。成人閱讀，也可算作補充童年缺乏的兩性教育課程，書的內容非常精彩，能夠幫我們補充很多知識。

「學會愛自己」系列也非常有名，推薦做親子性教育使用。它將教會孩子如何拒絕被侵犯，如何拒絕可能發生的猥褻和性侵，是非常重要的身體安全教育圖書。這套書用非常淺顯易懂的方式教育孩子不要隨便跟陌生人走，什麼地方是別人不可以碰的，衣服蓋住的地方是不可以摸的。

如果父母有意識教導孩子健康的性教育，這些繪本非常適合。

有同學認為，我們錯過了童年性教育的黃金時機。雖然我們已經成年，依然需要健康的性知識，包括如何看待性。坦白說，成人的世界裡健康的、淺顯易懂的、好的文章或書真的不多，有時候我們可以看一看寫給小朋友的繪本。雖然這些書寫給小朋友，是卡通風格的書，但是書中一些基礎的性教育知識，能彌補了我們當年的缺失。

我們的身體神聖而美好

建立對身體的尊重，我們需要更加尊重、享受我們的身體。讀過繪本之後，我們會發現，這些有名的繪本在告訴孩子，也在告訴我們一件事情：我們的身體是值得驕傲、值得尊重的，我們的身體非常美好和神聖。

隱私部位，也就是我們的性器官，是這個世界上得到尊重最少的一個部位。從本質上來講，它是身體的一個器官，不同的身體器官有不同的功能。本質上，它是我們人類最隱私的地方，也是最需要尊重的地方。

作為大人，要尊重孩子的隱私，同時也需要尊重自己和對方的隱私部位。怎樣尊重自己的隱私部位呢？例如，在生活中買一件乾淨、舒適、材質好的內衣，在某種程度上就是更好地尊重你的身體，每天養成習慣清洗自己的身體，這也是某種程度上的尊重。

從思想觀念上改變對它的歧視和羞恥感，這也是一種尊重。

對於成年人來講，除了可以跟小朋友一起看繪本，還可以做很多事情，如果你對身體的邊界感興趣，希望在身體上獲得更多自尊、更多享受的話。

建議大家都可以去做一個功課。在洗完澡之後如果方便，

給自己留幾分鐘的時間，讓自己全身赤裸地站在鏡子面前。你什麼都不需要做，只需要認真地看著你的身體，好好觀察一下，看看身體的每一個部位，盡量不要帶任何的評判，不要評判「胖了」、「瘦了」、「有贅肉了」、「好不好看」……你就看著它，描述它，僅僅處在當下觀察自己的狀態。你可能會發現，你從來都沒有真正看過自己，從來不知道自己到底是什麼樣子。

正視自己的身體，是尊重自己身體的第一步。

一次、兩次、三次持續去做這個練習。有人可能做一次練習，已經有很大的改觀。如果你練習看裸體的自己，甚至會對你的自我認知有很大的改觀。你會意識到，可能你從來都不認識自己，根本不知道自己是什麼樣子的。這是接納自己的練習。

此外，大家需要在心態上和思考邏輯上升級觀念。「性是可恥的」，這是一個非常荒謬的理論。大家都覺得「喜得貴子」是件很神聖的事情，但性是件很可恥的事情，然而每一個孩子都是由性而來，這不是自相矛盾嗎？很多人一輩子生活在自相矛盾中。如果性只是為了繁衍子嗣，實在是太可悲了。性是上天給我們的禮物，只要你使用得當，用得健康，讓自己處於一種通暢、接納、歡喜的狀態，性也可以是人生中非常美好的事。

有同學問了一個關於身體、關於性的問題。「我們在跟親密關係互動過程當中，要怎麼尊重對方的邊界？」

　　實際上，我們在身體上尊重對方的邊界，和我們在感情上、生活上尊重對方的邊界，原則和精髓一模一樣，沒有任何差別，它取決於你們雙方的空間。

　　如果對方在身體上需要很大的空間，非常保守，那你對他的尊重就是匹配上他的節奏，不要操之過急，不要太親密，尊重他的時間、他的距離、他的空間舒適度。標準是要看對方接不接受，對方的尺度在哪裡，對方的界限在哪裡，我們自己也是一樣。

　　無論男女都應該清楚，在親密關係當中，我們希望對方能夠進到哪個空間？我們自己身體的邊界適合到哪個程度？當你清楚了解自己的邊界、自己的感受，同時又有一顆敏感的覺察心，能覺察自己，又能夠感受到對方。

　　匹配到雙方都滿意，就是一個最好的身體邊界。

　　在性的尊重方面，本質上和其他邊界的尊重是一樣的。

　　這節課講了三個重要的邊界。

　　第一是身體的界限，請大家能夠把自己身體的權利掌握在自己手中，這是人生非常重要的抉擇。任何關於身體的重大抉擇，都請把選擇權掌握在自己手中。

　　第二是對身體尊重的邊界，希望我們能夠在各個方面認識我們的身體，了解我們的身體，尊重我們的身體。尊重自己，尊重別人的身體空間。

第三，對於缺失的性教育，也希望大家能夠有意識地補起來。我推薦給大家很多孩子健康性教育的繪本，家長們可以一起閱讀。成人需要建立對性的全新的觀念，尊重性、正視性。

課後思考

希望大家可以嘗試一下，洗完澡後觀察自己的身體，覺察自己從來沒有看過的身體。觀察後，請結合我們講的身體邊界，寫一下自己的心得。當我們從鏡子裡看到真實的、沒有任何掩蓋的身體的時候，我們的感受是什麼？在未來，為了更好地尊重自己的身體、建立身體邊界，我們能夠做些什麼？

第六課
建立和保護自己情緒的界限

如何判斷我們的界限是否被侵犯，其實很多同學自己心裡有數。

他們在問題的描述中，已清楚提到「感覺非常難受，非常不舒服」，同學們只是習慣性地想讓老師給個確切的答案。身體的感覺、心裡的感覺都在直接告訴你：對方侵犯你，你已經非常不舒服了。甚至有人可能被侵犯的不僅僅是界限的問題，而是底線問題。可你還是不夠勇敢，或者對自己不夠有信心，不敢篤定地判斷「他侵犯我了」。

我們長時間希望別人來幫助我們解決生活中的難題，會造成我們對自己的判斷不夠自信、不夠篤定。

事情已經赤裸裸地擺在那裡，可是你仍然不敢判斷，這會浪費很多時間。

「這件事情是否傷害到我？這件事情是否嚴重？」

你會一直困在第一個步驟。如果我們長時間地沉浸在第一個步驟裡面，就沒有精力和時間去探尋第二個步驟。

第二個步驟是什麼？第二步是意識到別人的侵犯，及時採取具體的行為保護自己。在提出問題之後，我們一定要好好思考、分析自己的問題，硬著頭皮，寫出一些具體的、可實施的解決方案，具體的解決方案更重要。

沒有第一步和第二步，問題永遠擺在那裡。

靜下心來，多問自己幾遍，你的內在會給你非常清晰的答案，也可以試著從是、否兩個方面來考慮。你可以問自己：「他這樣的行為是侵犯到我了嗎？」你試著給答案：「侵犯到我了，因為……」或是你認為他沒有侵犯到你，因為……你把這兩方面的原因都找出來，對比看看。這樣做，會很容易發現哪個答案更貼近你內心真實的想法。透過對比的練習，你可以自己找出答案。

界限是給自己的保護屏障

每個人的界限是很主觀的，我們的界限是自己設立的一道保護屏障。每個人的情況不一樣。有些女孩覺得老公說一句重話，就不能夠接受；有些人甚至已經受過家暴，但是還在忍。忍受的程度、界限的寬窄因人而異。

每個人都要多覺察自己，多和自己內心的聲音做溝通。

這樣會越來越了解、清楚自己的界限設立在哪裡，這是非常重要的。

生活中遇到的各式各樣關於情緒的問題、困惑，可以分為兩種。

一種情況是，我們把自己的情緒帶到別人身上，隨意發洩負面情緒，也就是說，我們是侵犯別人情緒的人；另一種是，我們

被侵犯了，對方很強勢、很暴躁，把他們的負面情緒丟到我們身上，我們要看他們的臉色，要承擔他們情緒上的壓力。往往就是這兩方面：把自己的情緒丟到別人身上，也會收到別人丟過來的負面情緒，處在這種相互交雜的負面情緒中，會苦不堪言。

有同學提到，她總是在與別人，尤其是與男朋友觀點不一致時情緒失控。她想用各式各樣的辦法，讓對方和自己的想法一致，讓對方按照自己的想法來辦事。她覺得，那時候的自己就像一個孩子，一直吵鬧，連自己都不知道到底想要什麼、想做什麼。

該同學描述的狀況屬於第一種，自己作為主動方，控制不住把情緒發洩在別人身上，這種情況在生活中很常見。

很多人在情緒上會受到干擾，受到別人的傷害。世界上有很多人，非常隨意地把自己的情緒發洩在別人身上，就像這位同學，隨意地對別人發洩情緒，或者給別人臉色看。這是因為隨意發洩情緒的人理所當然認為，是對方讓他情緒不好的。他認為情緒產生來源是別人，是別人讓他不開心，所以他把不開心還給別人。

通常，我們不會認為自己是一個加害者，往往發洩情緒的人，都認為自己是一個受害者，因為我們看不到情緒真正的來源。

[ABC 理論]

心理學有一個著名的理論，叫做ABC理論。A（Antecedent）代表發生的事件，B（Belief）是信念，C（Consequence）代表情緒和行為後果，即我們自己對於事情的看法、解釋、信仰，造就了我們的情緒。

簡單來講，就是由B（我們內在的信念）造成了C（結果）。例如提問的同學，她認為情緒失控是男朋友造成的。「誰叫他跟我想的不一樣？誰叫他做的錯的事情？他做錯事情，他說錯話，他跟我不一樣，他讓我生氣了。」這是很多人的習慣性思想，認為自己的壞情緒是由別人造成的，理所當然地想發脾氣。但事實的真相是，造成C的並不是事情本身，而是中間的B。只要男朋友觀點和自己不一致，這位同學就會失控，她想盡各種辦法，使對方跟自己一致。

她的內在有個信念，她覺得「你是我的男朋友，就應該跟我想法一致，這才是對的。你是我的男朋友，就應該按照我的想法來辦事。你跟我的意見相反，你的想法跟我不一致，你不尊重我的選擇，就是不愛我」，因為這樣的想法，當兩人觀點不一致的時候，這位同學就會生氣。

如果換成另一個人，她的想法可能是：男朋友跟我是兩個獨立的個體，兩個人對同樣一件事情的看法不一樣，是非常正

常的事情。如果持有這樣的信念，同樣的事情發生在她身上，也許她不會情緒失控，甚至不會產生負面情緒。

大家要理解 ABC 這個理論，明白事實的真相。

造就我們情緒的不是事件本身，而是我們對於事件的看法。

比如，老公買了一個大榴槤回家，也許有的妻子會覺得很高興，因為她可以吃到自己喜歡的食物；有的妻子可能很生氣，因為她覺得榴槤很臭，她不喜歡榴槤的氣味。老公買榴槤的行為是一樣的，為什麼兩位妻子反應不一樣？因為她們對於榴槤的看法不同，一個人喜歡，一個人不喜歡，造成她們不同的反應。

希望大家能夠深刻明白這裡面的道理。

事實的真相是，情緒的產生並不是由外界的人、事、物造成的。

情緒的根本來源，不來自外部，而來自內部，來自自己的內心，來自我們深入骨髓的價值觀和信念。

這些價值觀、信念，全是關於我們自己的，是我們在過去生活經歷當中，一點一點累積，慢慢形成的，和外面的人、事、物，沒有什麼關係。

我們講到情緒，就會講到負面情緒。實際上，情緒有積極的、有消極的，本身並沒有真正意義上的好壞之分。

我們經常關注負面情緒，是因為在大多數情況下，負面情緒會干擾我們，讓我們進入一種不舒服、不快樂的狀態。

當情緒是正面、積極的時候，我們會很開心、很感動。我們感受到愛，特別快樂。好的情緒不會讓我們的生活留下不好的痕跡。

而大多數的憤怒、悲傷、愧疚、自責等消極的、負面的情緒，會影響我們日常的生活品質，影響我們的人際關係，影響我們每天的心情。生活中我們會遇到好的情緒、壞的情緒。對於我們每個人來講，這都是正常的。

正面的情緒和負面的情緒，就像是白天和黑夜，就像我們的身體一樣，都有存在的價值。負面的情緒像身體的排泄系統，我們吃進去美味的食物，經過一系列的消化運作，會產生一些身體不需要的排泄物。髒的東西、有毒的東西透過身體的排泄系統排出去。

我們每天的大小便、身體的汗液、身體各部位分泌的油脂，對我們整個生命來講，算是不好的東西。沒有人會喜歡大張旗鼓地談論自己的排泄問題。我們潛意識裡認為，這些事情不能拿到檯面上來講。

如果站在整個生命的循環系統來看待這個問題，我們會發現身體的排泄物 —— 大小便、汗液、鼻涕，這些看似髒的東

西，實際上對於我們的意義就像黑夜對於白天一樣。黑夜沒有光亮，但是在本質上跟白天一樣重要。

負面情緒並非一無是處

身體如果沒有排泄系統，我們將無法存活，它對我們的生命非常重要。同樣，我們的負面情緒，對我們整個人生也是非常重要的。負面情緒需要一個正常的、合適的管道，讓它順暢地流走，就像我們身體的排泄一樣。

如果你天天吃好吃的，吃人間美味，但你的排泄系統出了問題，食物堆積在身體裡沒有排泄出去，吃進去的美食就變成了一種負擔，你可能會出現便祕、消化不良等症狀，會非常難受。

每個人都有發洩情緒的需求，這種需求就像每個人身體都有排泄的需求一樣，需要大家正視。現在很多人，對於情緒的認識還非常落後。很多時候，我們沒有意識到負面情緒就像身體出汗和大小便一樣。它來源於我們，也需要在我們自己的範圍內解決，而不是丟到別人身上。

大家都清楚地知道，身體的排泄物是你自己的身體產生的，每天的大小便是你自己產生的。我們知道，這些排泄物，

這些髒東西是我們自己產生的。我們需要排泄的時候，會去一個隱私的地方解決自己的排泄問題。我們還需要把門關上，因為我們認為這是隱私，不需要別人觀看，也不想讓別人知道，更不想別人參與或幫忙，除非出現不能自理這種極端的情況。

很多人意識不到負面情緒就像身體的排泄物一樣，它也需要你自行處理。我們需要理解，負面情緒的產生是來源於我們自己，它屬於自己情緒的排泄物。就像我們需要上廁所一樣，關起門來，在隱私的情況下，自己做好這個功課。

很多人認為負面情緒不是自己的問題，負面情緒不需要關起門來自己解決，特別願意隨便找個人發洩出去。如果我們能夠理解負面情緒就像我們身體的排泄物一樣，當我們發洩情緒的時候，就好比把我們的大小便發洩在別人身上一樣。當一個人隨意地擺個臉色給你看，隨意地把他的暴躁脾氣發洩在你身上，那種感覺真的好像他把垃圾扔在你身上一樣，很髒、很臭。我們不喜歡，也不想接受，想把它還回去。

我們需要建立關於情緒的邊界，大家要有很強的情緒邊界的意識。

隨意把你的情緒發洩給別人時，就像你在公共場所隨地大小便一樣，就像你把自己最髒的垃圾丟到別人身上一樣。

請記住，我們的負面情緒就像我們的排泄物，它屬於我們

自己，所以要像上廁所關起門來一樣處理。

負面的情緒是否需要處理呢？需要。我從來都不主張把負面情緒壓抑下來，負面情緒就像便祕，身體已經產生了這些髒東西，你需要讓它透過健康、安全的管道輸送、排泄出去，這是非常必要的。

我們需要讓它以恰當的方式排解出去，需要讓它像身體的隱私一樣很安全、很神聖、很私密地做正常的排泄。

對負面情緒好的處理方式是什麼？是主動釋放、正常表達。

身體排毒有很多種形式，運動出汗是一種排毒的方法；上廁所是一種排毒的方法；感冒流鼻涕也是一種排毒的方法。同樣的道理，負面情緒的釋放方法有很多，有一些常見的釋放情緒方法，例如：可以用打枕頭的方式釋放憤怒情緒。

當憤怒的時候，經常需要做一些強而有力的動作，讓我們把憤怒的情緒釋放出去。比如爬山，爬到山頂使勁地大喊，用聲音和身體能量宣洩，可以把這些情緒釋放出去。

也可以在家，拿一些不用的紙，把紙撕得碎碎的。這些方法比較適合憤怒、不甘心、委屈等較強烈的情緒。還有一些情緒，比如悲傷，當我們受到很大的誤解，或者受到很大的傷害，內心很悲傷、很難過、很傷心、很沮喪等。悲傷時，身體本能的行為是哭泣，極度悲傷想哭喊出來。在這種情況下，順

應當時情緒帶動身體想做出的動作，順應它，就是很好的釋放方式。

釋放情緒時，請關起門來自己解決，就像上廁所一樣。遇到悲傷的事，很多人習慣性找別人傾訴，這不是一個最佳的方案。

當我們有情緒時，如果自己實在處理不了，需要找一個專業的、有能力接納你情緒的人傾訴。

很多人一悲傷、一難過就喜歡找個人傾訴，可能跟伴侶聊聊，也可能跟朋友聊聊。幸運的話，伴侶和朋友是一個接納性極強的人，或者他是很有智慧的人，能夠協助解決你在生活中遇到的絕大多數問題。但通常情況下，他沒有受過專業的訓練，沒有接納別人情緒的能力。當你傾訴的時候，你沒有辦法得到自己期望的理解、包容和溫暖，反而還會因為對方不理解，吸收回來更多的負面情緒。

如果你把情緒發洩出去，而對方沒有準備好，或者對方不願意接受這個情緒，對對方而言，實際上等於把你心裡的垃圾扔給了對方。你要求對方能夠歡天喜地，或者很願意接這一大包垃圾，這其實很難做到。

我一直在想，在將來的某個時候，心理醫生、心靈導師像現在的家庭醫生一樣普及。到那時候，當我們傷心、憤怒，

有情緒問題了，可以找一個專業人員，讓他來幫我們解決情緒上的問題。就好像我們每個人都清楚，感冒了應該去找醫生開藥。這種意識的提升，可能需要幾十年、上百年完成，但它一定會是一個提升的趨勢。

盡量不要把負面情緒隨便找一個普通人來接納，因為他可能沒有接納的能力。

有條件的人，找專業的心靈老師、諮商師解決；沒有條件的人，要努力學習，把自己變成自己的治療師。

「映像書寫法」：情緒梳理的利器

我們可以用映像書寫法來釋放自己的負面情緒。

找一個安靜的地方，先把空間布置得舒服一些，符合自己的氣場，能不被人打擾，放一些輕音樂或者冥想音樂，沒有歌詞的、舒緩的音樂，能夠讓自己安靜下來。

在音樂中，做五到十分鐘的深呼吸，讓自己完全沉浸在呼吸當中，讓自己整個人靜下來。然後拿出紙和筆，順著讓你有情緒的事件寫下去，把你內心想說的話寫下來：今天發生了什麼事情？讓我有了哪些情緒？我的這些情緒的感受是什麼？在這些情緒下，我想說哪些話、做哪些事，把它寫下來，當作一

個和自己對話的過程。

書寫的過程就是意識和潛意識對話的過程，對於釋放負面情緒有很大幫助。

在寫的過程中，寫到悲傷，感受到想哭，就把筆放下來，讓自己哭一會兒。寫得很生氣，感受到自己想罵人，把筆放下來，或者把罵人的話寫在紙上。負面情緒的釋放像什麼？像我們身體的排泄，從來沒有見過一個人上完廁所，要把自己的排泄物保留起來，以後回頭再看一看。如果你的書寫是為了釋放情緒，記得把你寫完的這些紙張撕碎，或者用碎紙機弄碎，把它扔到垃圾桶裡，讓它消散掉。

寫日記是一個很好的方式，它可以幫助我們記錄、梳理。如果日記裡寫的都是不好的事，是自己傷心、難過的事，寫日記幫你完成了釋放情緒的功能，這就有一個步驟錯了，你沒有把它撕掉、丟掉。你留在那裡，就像排泄完成，把我們的排泄物儲存起來。每次翻開，你看到的是又一次的髒，又一次的臭，又一次的生氣、憤怒、傷心的東西。這種書寫對你是有害的，而不是有益的。

釋放完之後，請把你的這些負面情緒撕掉、扔掉，讓它隨著時光流走，不要存下來反覆自我傷害。

我們有負面情緒，也有正面情緒。

　　請大家記住這個比喻，負面情緒就像我們的垃圾一樣，請自行處理，並且收拾好戰場；正面情緒往往給人帶來美好的感受，它更像一份禮物。負面情緒是垃圾，請不要隨意地丟到別人身上；正面的情緒雖然像禮物，也不要隨意送給別人。不要隨意送禮物，並不是說送禮物不好，而是有些時候送禮物，你送得不合時宜，也不會有好的效果。

　　我們應該經常給別人送點美好的禮物，但是要看情況。比如，跟一個朋友見面，朋友的父親剛剛去世，他正處於極度的悲傷當中。雖然你自己的生活很開心，你想把這份開心傳遞過去，把這個禮物送過去，顯然會非常不合適。對方正處在很糟糕的負面情緒當中，你一見面就告訴他，你今天太開心了，你做了什麼什麼事。但對對方來講，在這個時機給這個禮物，不是他想要的。

　　負面情緒像垃圾，不要隨意丟給別人，請自行處理，並且收拾好戰場；正面的情緒像禮物，看情況贈送，不要隨意給別人。

　　如果大家能夠做到這些，就是一個很好的情緒掌控者了。關於情緒的侵犯、干涉，一種情況是，我們自己作為加害者，把我們的壞臉色、糟糕的情緒隨意丟給別人；另一種情況是，別人成為加害者，他們沒能控制好自己，天天向我們丟垃圾，向我們隨意發洩。在生活中也經常遇到這樣的問題，比如有些

人可能下班回到家，看見老公臉色很難看。實際上，是別人正在發洩情緒，但是沒把門關起來。我們看到了不美好的畫面，覺得很難受，「你怎麼可以擺臭臉？」

這時我們跟一個人講話，也許他是你的同事，也許他是你的愛人。你發現對方像吃了炸藥一樣，語氣特別糟糕，狀況特別不好，那種感覺就像對方扔了一個髒東西到你臉上一樣，好難受、好痛苦。這是對方侵犯了我們的情緒邊界，隨意向我們發洩情緒，我們成了受害者。

在這種情況下我們應該怎麼辦呢？在這種情況下，我們的情緒容易被別人影響，特別是負面情緒，很容易被負面的環境或人帶進去。情緒會在那裡打轉，很難爬出來，狀態很難調整，如果調整不好，狀態就會沮喪焦慮，只能躲在沒人打擾的地方，自己消化。我們困擾，對於這樣的問題，應該怎麼解決呢？當別人出現負面情緒的時候，怎麼應對呢？

給大家一個很好的解決方案：不要隨意對號入座，允許別人有情緒。

我們要守好自己的邊界，不要成為討厭的人，不要隨意把垃圾往別人身上放。

[所有的成長，都是自我的成長]

在所有的成長當中，一切都是以自我為中心的。

我們只能管好自己的事，我們改變不了別人，更無法做主，我們需要把所有的關注點放在自己身上。別的事情管不了，就要做好有情緒邊界的人，不要成為侵犯別人的人，世界上仍然有很多會侵犯我們的人。

對於侵犯我們的人，我們很難有直接的作為，能夠影響他們、改變他們幾乎是不可能的。世界上有很多人，他們的人生軌跡或人生階段和我們不匹配，我們需要尊重和允許別人活在他們的階段裡面。

如同關於身體排泄的問題，大多數人知道上廁所是件隱私的事情，我們應該關起門來解決；但在現在的印度包括非洲，很多當地的居民則活在另外一個層次，他們覺得隨地大小便沒有任何問題。在華人社會有越來越多家長意識到，孩子在小的時候，無論男孩女孩，穿開襠褲都是不太合適的，越來越多的家長不再給孩子穿開襠褲。而非洲的很多城市，別說開襠褲，他們有時連褲子都不穿，孩子可能從頭到腳都光著，甚至可能好幾歲了都是如此。

用兩個國家來對比，會看到很明顯的差異，人家有人家存在

的理由。同樣，在同一個國家、同一片土地上，人和人的差別也非常大。大多數人不明白，自己的負面情緒像排泄一樣，它需要自己解決。很多人理所當然地認為，「是你讓我不舒服，我就應該表現在臉上」，很容易遇到這樣的事情，我們該怎麼辦？

［允許別人有情緒］

我們要注意的第一個情緒邊界是不要隨意對號入座。

我們清楚，每個人的情緒從根本上來講，都源自於自己。別人的負面情緒跟我們的關係沒有那麼大，或者幾乎沒有什麼關係。

對方把情緒丟給你，因為他堅信是你讓他不高興，但事實本身不是這樣。

這樣的看法讓他不高興，所以他有情緒。雖然他不懂這個道理，但是你懂，因為這樣的原理，你可以保持好自己的界限，不要陷進去。

讓我們陷進去的是什麼呢？是我們認同了對方的觀念。

一個人衝著你發脾氣，他說：「都是你讓我不高興！」我們覺得：「怎麼是我讓你不高興？我好生氣！」就跟他攪和進去了。他用負面情緒丟了你一包垃圾，你又丟給他，兩個人開始進入

拉鋸戰，這在生活中特別常見。

有時候，你拒絕參與，這種拉鋸戰就結束了。

對待別人的侵犯，我們不要隨意對號入座，要允許別人有情緒。

有同學提到一件事情。她正在學習心理學，覺得學習的心理學知識特別好。她可能控制不住總是想推薦給自己的媽媽、姐姐、老公，但是別人並不買單。每次她的媽媽、姐姐、老公都會說她學習心理學是浪費時間、浪費錢。這時候這位同學就火冒三丈、委屈憤怒，跟對方爭辯起來。

她的問題是：「每當媽媽、姐姐、老公說我學習心理學是浪費時間、浪費錢財的時候，我就火冒三丈，難道是說到我的痛處了嗎？我學習兩年多了，也沒什麼成就。」我們把它寫出來，對我們都有意義，它真的有可能戳到了你的痛處。

一個人為什麼會對別人說的話憤怒，有時往往是因為對方說對了。表面上我們否認，但深層次贊同，才會有那麼大的情緒反抗。

我們害怕聽到針對自己的聲音，而當別人很大聲講出來的時候，我們就憤怒了。另外一個同學的問題很有意思，跟這個問題正好相反。他的朋友買了一個防輻射的眼鏡，告訴他：「唉呀！我買的那個眼鏡不好看。」這位同學回答：「不好看，你怎

麼還買了呢？你可以選個好看的。」他的朋友生氣了，認為他說話很難聽。同學很不理解：「我沒說什麼難聽的話，我也沒有惡意，我只是說：『你覺得不好看，幹嘛還買呢？』」他不能理解為什麼朋友生氣。

兩個例子放在一起，我們就很好理解了。朋友為什麼生氣？因為你說到他的痛處，他已經強調了眼鏡不好看，也許他買了不好看的眼鏡，很沮喪；也許他處在一定程度的負面情緒當中，在後悔或者責備自己，怎麼買得這麼難看？他不接受自己的負面情緒，這時如果別人再點出來，就戳中痛處。

他不想承認，而你還偏說出來。外人的話會逼迫他，看到真實的自己，而往往當事人不喜歡真實的自己。

指責別人比指責自己容易多了，指責自己的感受更糟糕。

每個人的生命都有強大的自我保護，為了保護我們，就不會罵自己，而是罵別人了。這會讓我們短暫地以為「不是我的問題，是他的問題；不是我讓自己有情緒的，是他讓我生氣的」。當一致對外的時候，我們內心就舒服了。

前面提到的學心理學的同學，她也意識到，雖然學了心理學有進步，可是她仍然會越界，想把自己所學的東西拿來教育別人。她教育別人，別人就抵抗，她就憤怒，彼此之間就有情緒大戰。她把課程傳給親人，但是家人並不買單：「你們老師竟

然宣揚『不要把婆婆當成媽媽』，這不是叫婆媳生疏嗎？」對方沒有聽過課，也不能夠理解。

　　學習之後，我們生活的境界和對方會有很大差別。如果你把自己的觀念強加給對方，希望他認同你，你就挑戰了對方的價值觀，對方會感覺到越界。對方不舒服了，就會把負面情緒發洩給你。這位同學收到婆婆的情緒更火大，她又罵了回去：「你們怎麼這麼愚蠢？那是讓媳婦不要把對媽媽的期待投射到婆婆身上！」

　　很多時候，我們以為別人侵犯了我們，很可能我們才是界限侵犯的發起者。

　　學心理學的這位同學認為，她的姐姐完全不懂得尊重她的界限，苦口婆心要她別學了。但你有沒有想過，產生矛盾是不是因為你先讓別人學習心理學？學習和改變是你個人的事情，當你停止向他們推銷課程的時候，也許他們就不這麼反抗了。

　　有時候，你想要強加給人家，人家不想要，所以只能推翻你。這個過程就是推來推去，你把東西丟給人家，人家不要還給你，彼此之間丟來丟去。如果你對自己學習心理學的結果不夠滿意，需要在自己的範圍內，好好思考一下，哪裡出了問題？對自己哪裡不滿意？哪些地方可以讓自己提升？

　　學習心理學，提升心靈的課程，大家不要盲目地、隨意地

推薦給家人。見誰跟誰說，見誰叫誰學，其實是對別人的侵犯。就像隔壁阿姨，今天她覺得吃茄子對身體好，天天勸你吃茄子，你會很煩，你可能天生就不愛吃茄子。

我們要尊重別人的生命歷程。

你自己學，自己改變。長久以來，你學得很好，你的生命會變得更好。

當你變成一個更好的、更寬容的、更尊重別人界限的人，他們才有可能接受你的禮物。

有時候，別人拒絕你的教育，可能是他並沒有看到你學習之後，對他的態度有變化。

如果你的家人看到，「我的妹妹或者妻子學了心理學之後，她變得更好了，更愛我了，更尊重我了」，家人跟你相處過程中，感覺更舒服了，他真正體會到心理學給你帶來的良性變化，才可能對你所學的東西感興趣。到那時，你再介紹心理學給他，也許他會感興趣。

比如一個人學習保養皮膚，別人看到他皮膚一天天變好，各種問題都得到改善，皮膚變得又白又嫩。時間久了肯定會問：「皮膚這麼好，用了什麼？可不可以介紹給我？」

如果一個人學了皮膚護理的課程，過了半年，他的皮膚更糟糕了，或者毫無改變。這時候，你給人家推薦你所用的保養

品或保養課程，對方會買單嗎？當然不會。

不要把所有的眼光都放在別人身上，學習不是為了讓別人變得更好，而是為了讓自己變得更好。

這個道理弄明白，困擾你的問題可能就會消失。

第二個情緒的邊界就是允許別人有情緒。

也許別人有情緒，背後的原因跟我們想的不一樣，回饋也完全不同，這很正常。例如這位同學學習心理學，她認為老師講的理念特別棒，自己有收穫、有成長，花的錢和時間特別值得。這對她來講，是完全正確的。但是對方跟她想的不一樣，看法也不一樣。她的媽媽、姐姐、老公，覺得她學習心理學是浪費時間、浪費錢財，在他們的立場也是完全正確的。

第一，他們沒體驗，也不認可學習心理學的用處；第二，他們只看到同學花了時間、花了錢，但沒看到他們認為好的效果。

從他們的角度來講，認為她浪費時間、浪費錢，本質上也沒什麼錯。如果我們能允許別人有自己的看法，活得民主一點，不專制、霸道，很多問題就好辦了。也許我們不用以發洩情緒的方式來對抗他們，能夠更客觀一點、更淡定一點，對方的負面情緒也就沒那麼大了。

情緒是來自各自身上。

不在別人的情緒當中對號入座

一方面是不要把對方情緒的責任扛在自己身上。

很多人經常越界，想為別人的人生負責，因為他們受不了別人心情不好。比如很多子女看到父母心情不好就著急，爸媽吵架，孩子痛苦得不得了。我們不允許父母有負面的情緒，希望他們永遠開心快樂。當他們不開心、不快樂的時候，即使自己很清楚那不是自己造成的，自己還是想要救火、想要參與。

如果父母長期不快樂，我們深層次會認為是自己的無能。我們沒有能力讓父母快樂，產生所謂的無能感，備感厭惡、痛苦，想要快速改變事情的結果。我們反過來想控制對方，不允許對方悲傷，不允許對方憤怒。我們希望對方快點好起來，希望對方時時刻刻都是開心、快樂的，這也是一種越界。

在這種情況下，我們需要把別人的問題留給別人，讓他們為自己的情緒負責，允許別人有問題。

夫妻雙方吵架，妻子很難受，她哭一會兒很正常。我們看到父母吵架，他們生氣了、哭了，我們也要允許他們有情緒，這是一種極大的尊重。

尊重是美好的，他們終究還是要自己面對自己的問題。

我們作為外人不要參與，這就是不要對號入座，不要干涉

別人的情緒問題。這樣做，我們自己的感覺也會好很多。

請你自己撤出來，回到自己的世界裡面。不對號入座指的是當一個人在你身邊，跟你講述他的事情或者抱怨的時候，請不要誤認為別人跟你抱怨就是想要請求你解決他的問題。

除非對方很明確地提出來，「請你幫我解決一下，請你幫我分析，請你給我一些意見」。否則不要對號入座，當上帝拯救對方，也不要隨意評論對方的情緒。

前面例子中的同學，他的朋友買了眼鏡覺得不好看，他也覺得不好看。他馬上說：「你怎麼還買呢？」看似彼此沒有強烈的情緒，但是這其實很微妙，微妙在哪兒呢？因為我們越界了，對方說不好看，他只是陳述事實，或者釋放自己微小的、不高興的情緒。而你這樣說，在他聽來感覺是指責。

「今天買了一個眼鏡，真不好看。」這只是一種表達。在你搞不清楚他需要你做怎樣的回饋時，最好不要回饋。我們不要給衝突的反應，可以說一些不痛不癢的話，比如「我個人覺得還好」，「我覺得還滿好看的」，或者是「嗯，我覺得還可以」。請不要給對方強烈的意見。為什麼呢？從你的角度來講，你的回應沒有錯。但是很微妙，你給了對方一個意見：「不好看怎麼買了呢？」這是一種質疑和質問。對方可能會很敏感，把這樣的話聽成指責。

你在指責他的無能，你在要求他為他的決定負起責任，但

是他顯然還不願意負起責任。

我們會習慣性地說：「不好看，你怎麼還買呢？」實際上，這是我們對對方生活失控的控制，我們不允許對方出現生活失控的狀況。有些女孩會跟閨密抱怨：「我老公昨天又動手打我了，我很痛苦。」很多時候閨密會很氣憤、恨鐵不成鋼：「他都對你這麼差，你怎麼還不離婚？」很多情況下，我們說出這樣的話，以為我們在幫助對方，在為對方打抱不平，但也許對方完全不買單。可能對方聽你的話感覺受到傷害，覺得「你怎麼可以這麼說呢？」。

在強烈的情緒之下，我們給對方建議，我們提供解決方案，我們要求對方為自己的人生負起責任。但是，當一個人脆弱的時候，他拒絕為他的人生負起責任，或者在他還沒有準備好的時候，會把這樣的要求當作壓力、指責、批判和否定，就會有情緒。

不要輕易評判別人的人生

建議大家盡量不要輕易評判別人的人生，不要輕易在對方沒有請求的情況下，給對方建議、給對方提供解決方案。別人不需要，這就是一種對號入座。在情緒上面不要對號入座，不

要進入到對方的情緒當中，不要當上帝、當拯救者，不要著急給對方提供具體的解決方案，除非他要求。

兩性關係中，這樣的事情經常發生。例如下班回家，妻子跟老公抱怨：「我拖了整個家的地板，累死我了。」老公也許會說：「誰要你做了？知道累就休息一下，為什麼非得今天做？」妻子回應：「我不做誰做？」往往這是吵架的開端。

為什麼妻子會難受？為什麼她有情緒？因為對方抱怨之後，我們試圖阻礙對方抱怨，試圖讓對方快點好起來，不允許別人有情緒。老公不想聽妻子抱怨，他希望妻子永遠開心，希望她永遠處在一種滿足的狀態當中。當我們不允許對方抱怨，總想改變她，就會說：「你既然這麼累，那你就別做，你幹嘛非得做呢？」我們想要對方為她的情緒負起責任。

我們習慣性地向別人抱怨、表達我們自己壞情緒的時候，對方往往都不願意買單。

負面情緒真的像垃圾一樣，我們要控制好自己的負面情緒。它對別人來講是一種負擔，就如同沒有人喜歡我們的排泄物一樣。沒有人喜歡在旁邊看你排泄，那個過程並不愉快，它是負面的，需要我們在安全的情況下處理。無論大師還是大咖，都告訴我們，不要成為一個喜歡抱怨的人，不要成為一個亂發脾氣的人，盡量把自己的情緒控制好。

世界上沒有人天生喜歡接納別人的壞情緒。

我們首先要好好地覺察、練習。覺察什麼？覺察情緒來自我們自身，跟外界的人、事、物沒有關係。我們可以在生活中做這個功課，覺察是非常重要的。如果你不知道怎麼覺察，就反覆學習 ABC 理論。

在生活中，透過不斷地覺察、練習，讓自己有一種強大的覺知力。意識到自己所有的負面情緒，是來自我們自己而非別人。當我們了解淵源後，意識到負面情緒來自我們，它就像身體的排泄一樣，需要我們自行解決。我們需要用各式各樣的方法，幫助我們主動地、積極地釋放身體的負面情緒，而不要隨意丟在別人身上，這是我們需要建立的邊界。需要保護好自己，不要侵犯別人，不要輕易被別人的負面情緒影響。

別人的情緒是他們的問題，他們需要學習。

我們要做的功課是：第一，覺察情緒來源於自己，不應該把情緒發洩到別人身上。

我們改變不了別人，我們需要讓自己清醒，別人的情緒是別人的，我們不要隨意對號入座，不要承擔別人情緒的責任，不要把情緒往自己身上倒。

我們要尊重別人，如果他的生命階段還沒有覺悟，他並不明白他在扔垃圾，他並不明白自己這樣做很糟糕，我們要允

　　許、接納別人處在這樣的狀態。我們不可能要求別人跟我們一樣，我們不要自己輕易地對號入座。

　　第二，我們不要當拯救者，要允許別人有情緒。

　　看到別人狀態不好，我們就想修理、改變，想讓對方快點走出來，不要做這樣的事情。如果大家能夠把這兩步做得非常好，既能夠覺察，又能夠守好自己的界限，不做侵犯別人的人；同時當別人侵犯我們的時候，又能夠意識清醒，保護好自己，不要對號入座，不要參與。那麼幾乎生活中百分之九十以上的情緒問題，都可以解決。

課後思考

第一，在生活當中，覺察情緒的來源，到底來自哪裡？自己多做分析；第二，在生活中實踐，守好兩個邊界。

更重要的是，希望大家能夠在生活中積極實踐，擺脫負面情緒的困擾，建立和保護好自己情緒的界限。

第七課
生命的實修：自我的界限
以及能量層面的修復和提升

如果大家做了複習，會發現從第一次課程到現在，涉及的問題包括：建立空間界限、經濟界限、物質上的界限、行為上的界限、心理上的界限，以及生活中大大小小的、重大生活抉擇上的界限，包括身體上的、情緒的各式各樣的界限。

建立界限的目的是什麼呢？其實是為了給我們自己建立一種保護，一種不被侵犯、自己做主的保障。

［內在開始有力量］

有些同學按照課堂上講的方法，在自己的關係當中實踐。他發現，一旦真的開始把界限建立起來，內在會慢慢地升起一股力量。和侵犯你的人說「不」，用你的行動保護自己的時候，你會發現，你的內在非常清楚地感受到一種力量，你覺得自己變強大了、更有自信了，生活更順遂了。

這是什麼原因呢？因為當我們開始對侵犯我們界限的人說「不」，對侵犯我們能量的人說「不」，對侵犯事件表示拒絕的時候，我們重新和內在的自我就連線上了。

大家仔細回想之前的課程，不難發現，在界限課程當中大家想解決的問題，大部分都是關於別人和外界的。

很多人眼光向外，一輩子都在研究別人。

今天害怕爸爸媽媽不高興，明天擔心老公會不會拋棄自己，後天可能恐懼孩子長大了，沒出息怎麼辦？或者孩子長大太有出息，遠走高飛，不在自己身邊怎麼辦？很多人一生都在研究別人，一生都在焦慮，處在這種困境中。

現在意識到，原來我一直在被侵犯，原來我在侵犯別人，非常想改變，可是卻發現沒有辦法落實在行動當中。道理似乎都懂，可是覺得沒有力量，下不了手，說不出口。

沒有辦法把學到的東西，實實在在變成生活中的實際。

這種狀況，除了大家並不知道具體的方法以外，還有一種情況是，這樣的人往往自身的能量非常低，和真實的自我離得太遠，甚至有人可能早就失去了自我連線。在某種程度上，他的生活中缺乏界限意識，不斷地被侵犯。被侵犯的人，他們經常做的事情就是犧牲自我、委曲求全。今天別人惹我不高興了，我忍；明天父母侵犯我，勸自己說要孝順。心裡總有兩個聲音在打架。

當我們被侵犯的時候，總有兩個聲音在打架，一個是真實自我的聲音，真實自我的聲音是怎樣的？「別人侵犯我了，我不高興，我很想拒絕，很想回擊，想保護我自己。」

另外還有一個自我，是虛幻的、壓抑的自我，往往會為了獲得外界的認可和愛，讓自己戴上面具，讓自己委曲求全，咬

著牙接受別人給自己的侵犯和傷害。

為了獲得爸爸、媽媽的愛，我們一味隱忍。

為了獲得老公、老婆的愛，為了讓他們長久陪伴我們，我們一味退讓。

為了獲得孩子的愛，不敢在孩子面前建立自我的界限，總是犧牲自我。

甚至有些父母為了孩子犧牲了一輩子。

很多人一生都生活在兩個聲音、兩個自我中 —— 一個真實的自我，一個壓抑的自我。

缺乏界限的人，往往是離真實自我很遠的人，越有界限意識的人，越是活出真實自我的人，同時也越是能量大、氣場大的人。

［小我養成記］

壓抑的自我是為了獲得外界認可的小我。

在真實生活中，小我往往戰勝真實的自我，我們太渴求外界的愛，沒有辦法離開外界的支持，因為自己內在沒有力量。

在生活當中，這種能量層面也是兩極分化的。

　　越缺乏自我的肯定，沒有辦法活出自我的人，能量越弱。能量越弱，越是渴求外界的支持、給予，渴望外界的愛和幫助。因此會更在意別人的看法，更想要別人的認可。處理生活中的具體事件時，更容易戴上面具，委曲求全，壓抑自我，獲得別人的愛和感情的施捨，讓自己活在所謂安全的關係當中。

　　同時，你會發現，即使戴上面具犧牲自我，在各種關係當中，你的委曲求全和自我犧牲，仍然不能給你帶來你想要的關係，仍然不能給你帶來你想要的信心、支持和愛，這就變成惡性循環。

　　沒有得到足夠的外界支持和愛，你會變得更加弱小，能量更低，會索求更多。更多的索求帶來更多的犧牲，你會發現，你想要的東西更得不到，這是一個非常糟糕的惡性循環。

　　與此同時，世界上還有一些人處在極棒的正向循環當中，他們足夠了解自己，又對自己足夠自信，相信即使沒有別人的支持，自己仍然能過自己想要的生活，勇於為自己做主，勇於活出自己想要的樣子。

　　因為這樣，他們很少自我犧牲，幾乎不委曲求全，任何事情都聽從自己內心真實的聲音；因為這樣，他們在滋養真實自我的能量上很順暢，而當能量執行流暢的時候，能量就會變得更加強大。

這樣的人往往氣場大，底氣也足，他們充滿了愛、充滿了篤定，精力充沛、行動力強。

他們在生活中各個方面，更容易心想事成，更容易活出自己想要的樣子，過上自己想要的生活。他們讓自己變成了一個更高頻的能量體，整個人走起路來都有風，站在那裡就閃閃發光，也因為這樣的高頻能量，更容易吸引別人來愛他們，更容易遇到支持他們的人。

因為任何人都嚮往光亮，渴望跟能量強大的人在一起。

［能量觀念由來已久］

世界上為什麼有成千上萬的宗教信徒？他們為什麼願意接近、親近宗教領袖？因為宗教領袖往往是能量強大的人。

大家深信如果接近他，就可以獲取能量。

很多人親近佛法，是因為覺得佛、菩薩的能量大，跟能量大的佛在一起，似乎自己也可以沾染一些光芒。信基督教的基督徒去教堂，在十字架面前祈禱，會覺得自己能夠接通來自上帝、天使的能量，讓自我的感覺更棒，讓自己得到加持，這些都是類似的原理。

難道只有佛陀、只有耶穌、只有上帝才有強大的能量嗎？

作為在世間生存的凡人，我們有能量嗎？我們可以擁有強大的能量嗎？

答案當然是有的，有人能量強，有人能量弱。能量並不是一個非常虛幻的東西，在生活中很多情況下，是實實在在可以體會到的。

前面的例子中，有人在特別自信的時候，整個人都是閃光的，這一點在什麼時候看得最清楚呢？例如一個特別幸福的新娘。在結婚的那一天，新娘穿著婚紗站在人群當中，整個人都是發光的，因為她內心充滿了足夠多的愛，那一天又是極度幸福的狀況，往往在婚禮現場，新娘、新郎的能量都非常強。

有句俗話說，要到婚禮現場沾沾喜氣，喜氣是什麼？其實就是好的能量。

大家也許沒有從這個角度想過問題，但實際上我們都有這樣的本能，愛去沾沾喜氣。有時候在馬路上碰到別人家辦喪事，我們自動有一種本能，覺得要離得遠一點，避免晦氣。很多人家裡，上有老下有小。如果家裡的老人生病了，或者快走的前幾天，狀況非常差，家長會發現小孩子特別敏感。即使是親人，哪怕是外婆、外公這樣的親人，小孩子也本能地想遠離，有些孩子會明確地表達害怕、不敢接近。

這是因為孩子的敏感度比成年人更強，孩子比成年人更能

清晰地感知到能量的存在。

每個人都有能量，只是有能量強弱之分，能量強代表生，能量弱代表亡。

強的能量是上升的，是向上的；弱的能量是走向衰亡的，是向下的。

醫學中，能量被定義為一種可以間接觀察到的物理量。

在物理學的科學實驗裡，能量是可以被觀察到的。只是普通人在生活當中，肉眼看不到，或者大多數人看不到。對於任何一個人來講，都有一個看得見的叫物質的身體，它是我們的第一身體；我們每個人還有一個看不見的身體 —— 我們的能量身體，它是我們的第二身體。

這兩個身體是相互作用、成正比的。

強的能量代表生的能量，弱的能量代表亡的能量、死的能量。

一般情況下，誰的能量最強？孩子的能量。

誰的能量弱？老人的能量。

一個是生的能量，一個是死亡的能量。

所以剛出生的孩子、年紀很小的孩子，是能量爆棚的狀態；年紀越來越大的老人，他整個的能量狀態開始固化，變得更僵硬，狀態也更低沉。

一個走向生，一個走向亡。

能量這個詞是最近幾十年來，新時代的身、心、靈在亞洲越來越盛行，才開始普及，但這並不是一個新的概念。

能量的概念，包括各式各樣的解釋、說法，其實已經存在好幾千年。

中醫把能量叫做氣，把執行能量的管道叫做經絡，但凡對中醫有些了解的人，可能對氣和經絡並不陌生。印度的醫學把能量叫做昆達里尼，把執行能量的管道叫做脈輪，實際上非常相通、相似。

關於能量的執行規律，也是一個道理。我們即使沒有系統學過中醫，從古至今文化上的傳承，父母長輩的教導，包括民間的一些流傳，絕大多數人對中醫也有些概念。

講情緒、親密關係的時候，我們提過一些類似的概念。人的身體和我們的情緒、心智、精神狀態是相互呼應的。本質上，是我們的物質身體和能量身體，第一身體和第二身體相互作用的結果。

在中醫裡，講一個人的肝經不通暢，也就是說，氣在肝經的管道裡面堵塞、不通暢，這個人往往脾氣不太好，特別容易發脾氣。如果一個人脾氣很暴躁，那基本上可以斷定，他的肝功能或者肝經的經絡可能存在堵塞的狀況，因為是相互呼應

的。中醫在判斷一個人的時候，也會根據身體狀況來判斷你的情緒和情志的狀況。

有人可以給你刮膀胱經，刮膀胱經的時候發現，心經這一塊出痧好多。它代表你最近遇到了什麼事，心裡著急上火了。

實際上，幾乎每個中醫都有這樣的能力，透過你身體的狀況，看到你生活中經歷的事情。在某種程度上，一個非常高超的中醫，約等於大半個心理諮商師。他可以完全透過你身體的狀況，看到你生活中經歷了什麼、你現在正處於哪種情緒中、你現在整個人的能量是怎樣的。

印度人信奉的是脈輪。三脈七輪，很多學習身、心、靈的人可能都有聽過。印度的三脈七輪和中國中醫的氣和經絡非常類似。兩個國家從古至今的文化背景、習慣有很大的差別，展現在兩個傳統醫學當中，會有很大的差別，但是它們的精髓和本質幾乎是一樣的。

脈輪中講到，每個人有三脈七輪，從海底輪第一輪，一直到頂輪有七個輪。

印度的醫學，包括現代瑜伽的修行，身、心、靈的心靈成長的修行，脈輪概念，和醫真的非常像。

中醫認為一個人脾氣火爆，肝經不暢，其實脈輪也會講。一個人如果喉輪閉塞，往往溝通能力會比較差，可能會在生活

中發生和別人無法溝通、不善表達這樣的情況；如果一個人的心輪堵塞沒有開啟，往往這個人比較缺乏愛的能量，缺乏愛的能力，他在生活中，在愛的層面上往往受到阻礙。

這種對應非常相似。細細地進行深層次的研究，會發現印度的脈輪、中國的中醫都是廣大複雜的世界。

僅僅講中醫的經絡，講十二條正經，好的老師或者特別用功的學生，甚至會花上半年、一年、好幾年的時間才能弄清楚。這些知識可深可淺，深起來有非常多的細微知識、探索規則在裡面。

同樣的道理，脈輪也是如此。對於身、心、靈的愛好者，或許並不把這些東西當作專業的學科學習，而把它當作一種工具、方法，來協助我們。

在我們的心靈成長上、自我成長上當作一個工具，並不需要了解得那麼深入。我們的目標並不是成為一個專業的醫生，我們的目標是藉由這樣的方法，能夠讓我們身體的狀況、情緒的狀況、情緒能量的狀況有所提升，在處理生活中各式各樣難題的時候更有力量。

從這個角度來講，我們需要的練習很簡單，不需要非常深奧的知識。對於能量的修復來講，中醫和脈輪這兩方面無論進入哪一個，對我們都有很大的幫助。

為什麼要透過這兩種方法進行能量的修復？中醫把能量叫做氣，把執行能量的管道叫做經絡，中醫的精髓是建立在能量層面上的氣，在中醫裡面，氣絕對是不可或缺的。如果把氣拿掉，中醫就沒有辦法立得住。同樣的道理，印度的脈輪就是擴大能量。

所有的修練，所有關於脈輪的練習，最終目的是把體內的能量執行好，使體內的能量變得更強大、更順暢。

如果我們希望生活中擁有更好的能量，希望在能量層面上提升，這兩個入口都非常好。

讓能量執行更順暢

按照我的體驗，中醫雖然語言相通，但是它更加複雜。中醫往往更廣泛應用於解決第一身體的問題，也就是物質上身體的健康問題。而印度脈輪的運用，更多層面卻是在第二能量體的應用，也就是在我們的能量體，第二個生命、第二個身體的實踐和運用。

在印度，脈輪被清晰地劃分為七個。最下端的是海底輪，然後是臍輪，然後是太陽神經叢輪，被簡單地定義為胃輪，它在胃的位置。然後再上面是心輪、喉輪、眉心輪和頂輪。這七個脈輪的位置清晰可見，以脈輪旋轉的方式在運作，對於自我修練和自

我成長來講，它是一個非常好用的工具，辦法非常簡易。我們可以透過自我操作，對應現實生活的關係，進行能量的提升。

例如，處在下方的海底輪，它往往代表生存的力量。臍輪則代表人際關係、代表效能量。在人際關係中受到很大困惑的人，比如在親密關係受到重創的人，往往反映在身體上，他的海底輪和臍輪的位置容易出問題。

跟父母關係有心結的人，以及在夫妻關係中，婚姻受到重大傷害的人，如果是女性，往往會在生殖系統上出現一些問題。因為物質的身體和能量的身體相互連動的原因，會有一些呼應在裡面。

關於脈輪更詳細的介紹很容易找到，大家可以在網路上搜尋或者是閱讀相關的書籍。有些人可能想說：「老師，我知道了，我想跟深層次的自己建立連線，提升自己的能量，具體可以做哪些事情，完成這種能量的升級呢？」在這裡我也給大家提出可操作的方法。

思想上的改變非常重要。

在思想上要怎麼做可以提升和修復我們的能量？

在思想上要有巨大的改變，需要練習深層次的接納，接納自己的一切，這是和真實自我連線、提升能量的非常有效的辦法。

　　要學會接納，也有的人用「臣服」這個詞，本質上講的是一樣的事情。多數人從物質的層面看待自己的生命，我們只能看到自己的肉身，只能看到比較淺層次的、物質層面的關係。當我們只活在這種角度的時候，視角會容易狹隘。

　　當我們有了另外的視角，我們可以看到事情的全貌。

　　每個人都有很多盲點，看不到百分百的事實真相，而事實的真相往往比我們意識到的更複雜。

　　因為我們的侷限，經常會出現一種狀況 —— 我們沒有辦法接納，不能百分百地了解事情如何運作。我們會困惑，會問「為什麼是我？」因為這種不接納，在我們的生活當中，造就了很多的衝突、矛盾。

　　如果想要和真實的自己有更深層次的連線，就需要學會接納。

　　如果我們依靠有限的物質身體和思想，很難看清事情的全貌。就像信仰一樣，我們需要相信的，其實往往是我們看不到的。拿到眼前的東西，不需要你相信，它就擺在那裡。學會接納，學會臣服，接納自己、世間的一切和生活。實際上，這給了我們更高的智慧。雖然不能夠完全清楚每一個細節，但是我們願意相信。我們相信每個人的能量是有週期的，我們尊重生命的週期。

　　人生是有週期的，每個人都在一生當中經歷很多高點，也經歷很多低點，當我們按照時間順序，把這些高點、低點連線起來的時候，你會看到一條波浪線。這條波浪線就像心臟心電波的影像一樣，有高有低，有起有伏，這是生命的真相。

　　每一個生命都有週期，每一個人都有週期。有高就有低，有好就有壞，有是就有非。

　　而真正的接納是什麼？是尊重週期，順流而不抗拒。處在高的時候享受高的美，處在低的時候享受低的靜，每一個人內在生命的能量，就像潮漲潮落一樣自然。

　　當潮漲的時候，我們處於高的能量，這時我們走出去與他人連線，付出愛、享受愛。當潮落的時候，我們處於低潮的狀態，我們被負能量包圍，我們需要在自己的世界裡面，休養生息、積蓄能量。

　　上一次情緒課程的時候，我講過，負能量就像自己的排泄物一樣，不要在極低的負能量的情況下，出去跟別人互動，把髒水潑在別人身上，把垃圾丟到別人身上。這樣的方式對自己、對他人都是有害而無益的，你會陷入骯髒的排泄站。你把東西丟出去，還會反彈回來，會一直陷在那裡。

　　當能量低，處在負能量的時候，整個人收縮，走向死亡、衰落的能量場中，就是人生處在谷底和潮落的時候。如果你能

學會接納，學會順流不抗拒，就會在潮落的時候待在自己的世界裡休養生息，安靜地釋放負面情緒，給自己時間和耐心積蓄能量，等待下一個潮漲。這是深層次的接納，對生命、對世界臣服帶來的好處，它可以讓我們活得毫不費力。

我們按照週期生活，按照能量的波浪生活，順應生命的潮漲潮落，它是一件非常美的事情。

為什麼很多人在心靈成長之後，會活得舒服、活得簡單呢？因為我們在順流，我們站在波浪的頂端不抗拒、不跟它較勁。我們對周圍的一切都接納，把它理解為最好的安排，把它理解為「一切事情的發生都是祝福」，它有它的道理。也許你在當下不能理解，但總有一天你能明白。

你要給自己時間，等待它發酵、等待它潮漲潮落。被接納的時候，你就處在浪的頂端，隨著它上上下下。你不需要較勁，不需要費力氣，可以輕鬆地度過每一個高高低低。而在這個過程當中，你的心境並不隨著它糾結、奔波，你可以獲得更持久的平靜、喜悅。

如果我們需要等待自己更高的能量，更好地接納真實的自我時，就需要減少自我消耗。自我消耗是什麼？就是跟生命較勁，跟自己較勁，不尊重週期，不尊重能量的潮漲潮落。

[每個人都更愛自己]

我們可以做也需要做的，是學會如何和自我建立更好的連線，接納自己，順流不抗拒，這會幫助我們提升我們的能量。

對於女人來講，尤其重要。全世界很多國家，到現在仍然重男輕女，輕視女性、輕視女性的能量。

為什麼女性在世界上被這樣踐踏和輕視？這其實證明了女人本身的強大。女人能量強，男人有更深層次的恐懼，才有了世界各地的大男人主義、男權主義的存在。

控制往往來自恐懼。

再回頭看看我們的父母關係，你會發現，控制來自恐懼。女人跟男人相比，仍然是按照週期來生活的。女人有月經，月經是什麼？月經是能量層面的潮漲潮落，女人是按照月亮週期和大自然的匹配生活的。

實際上，男人也有男人的「月經」，只是他們不以身體層面的出血來表現，而女人則非常明顯。女人在經期的時候會情緒低落、能量下降，那就是我們潮落的時候。當走出經期的時候，整個身體狀況、心情狀態都會改善，女人有非常明顯的週期和能量的起伏。

男人只是不明顯，但不代表他沒有。如果男生非常仔細地

覺察自己的生活，建議觀察自己兩個月的時間，把每天的心情狀態記錄下來，可能也會發現存在週期，可能每個月也有固定的幾天狀態不太好，這是非常正常的。

在親密關係中，女人需要給男人更多一些的空間，當他們情緒低落的時候，你可以想像成，這個時候男人月經來，他能量低，他需要在潮落的世界裡面休養生息、積蓄能量。

男人情緒低落時是需要空間的，他們不像女人一樣喜歡傾訴。

在獨立的空間裡面被尊重，能夠讓他們繼續儲藏能量，其實這就是男人的週期。每一個人，無論男人、女人都有週期。如果我們了解自己、觀察自己，按照週期生活，就會發現小到身體上有每個月的週期，大到人生的有高有低。

越能夠順著人生高峰谷底的週期生活，我們越能夠減少其間的消耗，越能在身體裡儲藏更多好的能量，狀況也會越來越好。

大家需要在日後去練習、去做，深層次地接納自己。

我們有一個物質的身體，有一個能量的身體，兩個身體同等重要，每個人都有這兩個身體。很多人完全不知道能量身體的存在，只知道物質身體。他可能把全部的心思都放在休養物質身體上，可是生活狀況還是一團糟，因為他思緒混亂。當我

們的生活被各式各樣的關係障礙、心結、陰影、傷害、衝突、糾紛充斥，被各式各樣的麻煩充滿的時候，身體就會處於麻木的狀態。

身體處於麻木的狀態往往是因為這個人的靈魂不在身上。靈魂不在身上的概念是什麼？它指的是，我們能量的身體和我們物質的身體沒有匹配好，合作不愉快。

為什麼很多人靈魂不在身上，狀態不好、能量低呢？因為他滿腦子都是過去和未來，要麼後悔過去做的事情，要麼擔心未來發生的事情，滿腦子都是別人的事，活在恐懼和焦慮當中。

他今天思索爸爸、媽媽是不是不開心；明天思索怎麼讓老公更愛自己；後天思索這個同事怎麼那麼討厭；大後天思索孩子以後該怎麼辦。滿腦子都是別人的事。很多人處在這樣的糟糕狀態，要麼活在過去，要麼活在未來，滿腦子想著別人，他們完全沒有辦法活在現在這個時刻、現在這個地點、現在自己的身體裡面。

因為這樣的原因，他們沒有辦法和自己的身體進入深層次的連線。

我們需要刻意做這樣的練習，重新和身體建立連線，讓我們的靈魂更多地回到自己的身上，增強自己的能量，讓它和我們的物質身體能夠配合得更好。

透過各式各樣的方法，當我們體驗到活在當下的時候，我們會非常愉快。當我們活在當下的時候，我們的能量身體和物質身體合一，無縫連線，感覺非常美妙，痛苦會消失。我們的潛能會被完全開發出來，能量會非常飽滿，各方面的狀況都會變得非常好。

怎麼練習能讓這種狀況越來越好呢？有一個非常好用、實用的方法，就是從呼吸入手。

物質身體和能量身體是相互作用的。它們之間相互溝通的橋樑是什麼？就是呼吸。

呼吸是物質身體與能量身體溝通的最佳橋梁。藉由呼吸，可以讓能量身體更好地和物質身體貼合，能夠讓它們之間相互產生積極的影響，這非常重要。

我們需要練習，回歸自然的呼吸。什麼叫自然的呼吸？如果觀察一下孩子，我們就知道什麼叫自然的呼吸。看看孩子如何呼吸，你就知道自然的呼吸是什麼樣子。你會發現，孩子往往是能量充足的。三個大人輪流帶一個孩子，一天下來都會很累，根本跟不上孩子的節奏。

國外有一個實驗，是專門針對這方面的，特別有意思。研究者把孩子帶到屋子裡面，同時讓一個身體狀況非常好的西方男子一起參加實驗。這個男子有八塊腹肌，他每天健身，喝很

多蛋白粉，身體各項指標都非常好。

讓一個體能極佳的男子跟一個孩子待在一起，他們需要做的實驗是什麼呢？研究者讓男人模仿孩子的動作八個小時，讓男人和孩子待在同一間屋子裡八個小時。男人只需要做一件事情，就是孩子做什麼，他就做什麼，完全模仿孩子的行為。

如果孩子在地上爬，那男人就跟孩子一樣在地上爬；孩子跳他就跳；孩子叫他也叫，完全模仿。這個實驗本來預計八個小時，結果不到四個小時，這個運動健將受不了了，癱倒在地上。而孩子四個小時之後，還跟沒事一樣，仍然精力充沛，跑來跑去，這竄那跳，高興得不得了。

這個實驗證明，成年人的精力無論多好，還是比不上孩子。孩子的精力從哪裡來呢？來自能量體，孩子的能量身體幾乎沒有耗損，他剛剛來到這個世界，非常飽滿。他們的肉體雖然比大人弱小，但是他們能完勝大人。

孩子的能量體為什麼那麼厲害？很重要的原因是，孩子的呼吸是自然的，因為他們的呼吸自然，他們的呼吸方式能夠完整地儲存能量，而不是消耗能量。我們來觀察一個小孩的呼吸，會發現，當孩子呼吸的時候，他的小肚子會鼓起，肚子的起伏非常大。幾乎沒有一個小孩的小肚子是扁扁的，每一個孩子的小肚子都是鼓鼓的。

孩子天生懂得，如何把能量儲存在腹部的位置，孩子的呼吸是極其自然的。自然的呼吸還有另外一個名字，叫腹式呼吸，也就是用肚子來呼吸。雖然腹式呼吸是透過嘴和鼻，將氣吸到丹田，但是看起來就像在用肚子呼吸。

當我們呼吸的時候，肚子有一些起伏，這樣的呼吸方式非常深沉，也非常自然，這就是自然的呼吸。不自然的呼吸是胸式呼吸，呼吸非常淺，呼吸點在胸口，甚至有人在嗓子的位置。胸式的呼吸不是自然的呼吸，它為什麼會存在呢？

［呼吸的練習有助於回歸內在］

什麼是胸式呼吸？當你呼吸的時候，你的胸部有明顯的起伏，能感受到你的呼吸非常淺。你的肩膀、胸部都有明顯起伏，而自然的腹式呼吸是你的腹部有起伏，這是非常明顯的差異。

胸式呼吸提供的是什麼呢？我們在什麼情況下，會特別容易用胸式呼吸呢？例如，奔跑達到耐力極限的時候，你會忍不住地喘氣。當你喘氣的時候，呼吸變得又快又淺，而且非常短，這其實是我們體能極大的時候。

從身體的角度來講，它存在的意義是協助我們進行某一些

身體上的反應。我們什麼時候會奔跑？要麼追趕獵物，要麼被獵物追趕的時候。一般情況下胸式呼吸可以協助身體，大自然設計我們的身體，是用來應對危急情況的。

　　什麼情況下我們使用胸式呼吸？在生氣的時候，我們很憤怒，形容一個人很憤怒，說他喘著氣，他的呼吸變快了、變短了、變急了、變淺了。

　　還有一種情況是什麼？在恐懼緊張的時候。如果有人拿刀頂著你，你會發現不由自主地加快呼吸、會喘，或者半夜走路，特別害怕的時候，你的呼吸也會變亂、變快。胸式呼吸，有它的道理，它是來做什麼用的？是用來讓我們面對危機的。

　　面對危機的狀況，我們需要呼吸變淺，身體更靈活。你走到森林裡面，看見一隻老虎，如果你還在很沉靜地腹式呼吸，猜想就被吃掉了。這時候，我們的整個身體都需要配合我們的生存逃離，讓你變得短、平、快，讓你可以快速逃跑，它的存在是有意義的。

　　憤怒情緒的存在也是有道理的。在極端的情況下，它可以保護我們。如果你長期使用胸式呼吸，會發現自己長期處在恐懼、緊張、緊繃的狀態，想要逃跑的狀況當中，相當於你時時刻刻都在應急。

　　建議大家有負面情緒的時候，及時釋放掉，不讓自己持續

處在負面情緒中。長期處在緊張、恐懼、應急的糟糕狀態裡面，生活在緊張、焦躁、恐懼當中，對應在我們的物質身體上，呼吸會長久地處在胸式呼吸裡面，呼吸會非常短、非常淺。這會形成物質身體和能量身體的相互作用。

你的呼吸越糟糕越不自然，你就越容易處在焦慮和緊張、恐懼中；你越是焦慮、緊張、恐懼，你的身體越會表現出來，這種情緒讓你的呼吸變得越不自然。

如果想要藉由呼吸改善我們的能量也是可行的。

我們可以透過練習，讓呼吸越來越沉，讓它從胸部沉到腹部，讓呼吸變得越來越長、越來越穩、越來越平靜，它也會反過來幫助我們走出恐懼、走出緊張、走出焦躁，讓我們在能量層面上來協助自己，面對生活中令人焦躁的事情。

大家可以一起練習腹式呼吸。腹式呼吸怎麼練習呢？方法其實很簡單。我們觀察一個小孩的呼吸狀況。如果家裡沒有孩子，你自己躺到床上，當躺平的時候，你很難用胸式呼吸。因為躺下的姿勢是一個放鬆的姿勢，沒有人會在極度戒備的狀況下躺著。當躺下的時候，我們要休息的時候，是我們身體和情緒最容易放鬆的時候，也是最容易進行腹式呼吸的時候。

大家可以在每天睡前，或者早上醒來之後，做腹式呼吸練習。躺平，把你的手放在你的腹部，帶著意念感受，讓自己

的腹部吸氣的時候上升，呼氣的時候腹部下陷。透過這樣的變化，感受自己腹部的運動，透過意念，讓自己呼吸的位置下拉到腹部，每天做十分鐘，練習久了，你的身體會形成新的慣性，會慢慢習慣用腹部來呼吸。

你會發現，自己整個的能量狀態會更穩定，整個能量的頻率會更高，伴隨而來的是，你的心情會變得更喜悅，會更少處在焦躁的狀態。如果感覺不明顯，還可以在你的肚子上，放三四本比較重的書，透過增加壓力的方式，來增強肚子的敏感度。把書放在肚子上，當你在呼吸的時候，那種起伏的感覺會更明顯。

然後帶著感覺，慢慢地讓它成為你呼吸的一種常態，讓你的呼吸回歸到自然的狀態。它會幫助你，讓你的能量體也回到更自然、更順暢的狀態。

這是我們在行動上可以做的練習，它可以重建我們和身體的連線。它帶來的好處不僅僅是身體上的修復，不僅僅是物質身體上會感覺到更放鬆、更舒適，還會在我們的能量身體上有修復。當我們回歸更自然的呼吸時，會發現我們的心也更近了，我們更容易看清事實的本質。

消除焦慮的靜心方法

我們前面講了兩個練習，一個是思想上的練習，一個是行動上的練習。給大家再講一個關於脈輪的練習，也可以長期做。它可以在根本上提升我們的能量，就是脈輪靜心。

所有的瑜伽，各式各樣類似的能量層面的修行，包括中國的禪修、冥想，其實都有這樣的功能。它能夠修復我們的能量，讓我們的念頭處在當下的狀態，能夠讓我們把雜念、情緒的焦躁消除掉。

脈輪靜心的方式是什麼呢？當我們在靜心或冥想的時候，我們把自己的關注點放在我們的脈輪上面。比如說當你看到第二輪 —— 臍輪，關於兩性關係、人際關係的問題，你會意識到自己在人際關係上很有問題，在親密關係當中遇到很多坎坷。你可以在這個層面上，在相對應的脈輪進行靜心的練習。

找一個舒服的姿勢坐下，如果你可以舒服盤腿，你可以把腿盤起來；如果你做不好盤腿，覺得很累、很不舒服，也不需要盤腿，找一個舒服的姿勢坐下就好。然後，讓自己處在靜心的狀態，時間久一點，比如說五到十分鐘，在靜心的過程當中，回歸到自然的呼吸，深深的腹式呼吸，讓自己安靜下來，讓自己的心沉靜下來。當你感受到自己的脈搏和呼吸變慢的時候，心變靜的時候，開始進行靜心。

如果你要進行臍輪的靜心，你需要在腦海當中想像臍輪的樣子，想像臍輪的圖案，把你的注意力放在臍輪的位置進行觀想。觀想什麼呢？這時候最好的觀想，需要讓自己非常純粹地處在脈輪散發的氣場裡面。

第二脈輪是六瓣蓮花的橘色的臍輪，大家在進行靜心的時候，可以想像美妙的橘色，想像六瓣蓮花在非常順暢地轉動。這樣的冥想，這樣的靜心，配合上非常深層次的腹式呼吸，可以幫助我們在臍輪的位置獲得能量補給，同時相應地，它可以協助我們在應對兩性關係和人際關係上，獲得更多的內在能量。

大家可以把冥想靜心脈輪的修行，當作自己生活中一個有規律的練習。實際上，從長期來講，它對我們能量的提升有非常大的作用。

脈輪的靜心是給大家的額外建議，如果你本身對脈輪了解並且喜歡，可以嘗試這個方法；如果你從來沒有聽過脈輪，甚至覺得了解起來太複雜，也可以不使用脈輪靜心的方式。

我提供的前兩個方法，一個是思想上的接納，還有行動上回歸自然的腹式呼吸法，這兩種練習已經足夠讓我們的能量處於一種更好的狀態，得到極大的提升。脈輪靜心的方法是一個補充的建議。如果覺得這個方面的知識不夠，也不是很明白，大家不需要太在意，因為並不影響能量的提升。

當我們的能量越來越強的時候，你越來越容易和真實的自己連線上，最後你發現，自己活出了真實的自己，不再委曲求全，不再犧牲自我，不再戴面具生活，不再有兩個聲音在打架。

［讓我們回到自己的世界］

當物質身體和能量身體合一的時候，潛意識和意識合一的時候，真實的自我合一的時候，那種快樂和喜悅會非常大，是非常幸福的事情。

藉由這樣的練習，我們完全有可能活出真實的自己，有可能在各種複雜的人際關係、親密關係當中找回自己，做自己最舒服、最快樂的事情。享受生命中的關係，但又不被關係所累，讓自己活出想要的樣子，過自己想要的生活，這一切都是有可能的。

在跟其他人建立了各式各樣的界限之後，需要建立的最後一個界限是 —— 我們需要重新跟真實的自我連線起來，花更多的時間和自己相處，和自己交朋友，和自己談戀愛，回到自己的世界，尊重自己生命的週期。

這也是在最後跟大家講的內容，為我們的這一次界限的訓練畫上一個圓滿的句點。

　　如果大家按照課程的流程和方式走下來，會發現它真的是一個圓滿的週期，從自我開始，又回到自我結束。大家可以在日後的生活當中，透過反覆、週期的練習，來面對父母關係、親密關係，面對你的身體，了解你的情緒，提升你的能量。

　　把最好的祝福送給大家，希望大家在課程結束之後，仍然能夠在生活當中，實實在在地為自己建立起保護的界限，希望每一個人都能夠活出你想要的自己，都能夠過你想要的生活，不再被侵犯，不再委屈自己，不再犧牲自我，能過一種完全由自己做主的理想生活。在這裡要跟大家說再見了，希望下一次我們再見面的時候，我們都能夠成為更好的自己。

　　我是曉雅，我愛你們。

金句總結

1. 所有跟他人互動關係出現的問題，最根源都來自我們跟自己的關係問題。

2. 我們和自己的內在衝突往往不易察覺。

3. 學習是為了讓自己成長。

4. 我們有任何情緒上的不舒服、不自在，都代表我們的內在感受到被別人侵犯界限了，我們無形的氣場被別人破壞了，他走到了我們安全感的範圍之內，這是非常容易判斷的標準。

5. 認知是所有改變的第一步。

6. 生活中，跟我們關係很近的人，對我們的邊界困擾最多。

7. 人和人在一起，深層次是頻率的匹配。

8. 透過覺察，我們可以在問題背後發現更深層次的問題。

9. 全天下有三種事情：自己的事、別人的事、老天的事。老天的事誰也搞不定；別人的事我們改變不了；只有我們參與的事情，我們才可能使結果有所改變。

10. 孩子有孩子的生命軌跡，孩子有孩子的天賦異稟。

金句總結

11. 站在我們的立場不能理解，不代表對方的要求沒有道理或者不應該。

12. 當我們遇到價值觀的衝突時，要用交換立場的角度去看問題。

13. 當我們有能力既站在自己的立場上，又站在對方的立場上看問題，我們會生出一種天然的客觀感。這種客觀感是什麼？它不以我們個人意志為轉移，客觀看待兩個人的不同，接納差異。這種客觀感會帶來解決衝突、解決界限侵犯的療癒能力。

14. 婚姻中的很多衝突是因為其中一個人認為是自己個人的事，但是另一半認為是兩人共同的事。

15. 健康的婚姻關係，是因為我們彼此喜歡、欣賞才在一起；因為我和你在一起，我能夠成為更好的人，你也能夠成為更好的人；我們在一起相互協助，我們的生活更好了。這才是一段健康的關係，它不是捆綁和綁架的關係。

16. 當我們清晰地看到，自己如何參與惡性循環，把當時參與的動作改掉，循環就結束了。

17. 建立邊界首先要去掉的就是「理所當然」的觀念。

18. 所有的關係都需要創造空間、創造距離、彼此尊重。

19. 親子關係是父母關係的一種翻轉、延續、輪迴。

20. 華人社會「家文化」為主的親情文化下，家庭當中最容易出現父母和孩子界限不清。

21. 父母的錢並不是我們的錢，我們的錢也不是父母的錢。

22. 這世界上沒有「理所當然」。

23. 一個人的父母關係處理得特別好，不太可能在親子關係上手足無措。

24. 我們在空間隱私上的尊重以及保護意識依然很薄弱。

25. 帶著情緒，就不是談心和溝通，而是吵架。

26. 每一個人在家裡都應該創造出一個獨屬於自己的個人空間。

27. 你要給自己創造時間，在你的小空間裡面待一會兒。每天十分鐘，會發現自己越來越有力量，越來越能跟自己連線上。

28. 孩子只是肉體小，在靈魂、精神上，和成年人是完全平等的。

29. 父母需要給孩子空間上足夠的界限感，保護孩子的空間。

30. 父母的幫助並不是理所當然的，你需要在心理上、口頭上給予父母足夠的感恩。

31. 父母沒有收到他們想要的回報，就會用控制來索取。

金句總結

32. 如果在經濟上你確實拿了父母很多，現在要跟父母建立經濟上的界限，就要盡可能地停止向父母索取，同時在經濟上給父母一些回饋。

33. 從「要錢」反過來變成「給錢」，兒女和父母之間心理上的位置會發生很微妙的變化。

34. 我們盡可能停止向父母索取，並且在自己的能力範圍內，盡可能回饋父母。這樣會慢慢地改變和父母之間微妙的控制關係。

35. 相同頻率才會聚在一起，無論夫妻、父母還是孩子，都是如此。

36. 所有的關係中，誰難受誰改變，誰在意誰改變。

37. 當你開始這樣做時，你們之間的關係就開始發生微妙的變化，因為你的頻率上升了。

38. 你的頻率改變了，你跟父母的互動效果，都會跟著改變。

39. 我們和父母的關係，一方的改變，從長久來講會帶來另一方的改變。

40. 本質上，我們有可能透過提升自己的頻率，間接提升父母的頻率。

41. 我們沒有辦法決定別人如何對待我們，但是我們可以決定自己如何看待別人的行為，以及如何對別人的行為做出應

對的選擇和解決方案。

42. 華人在愛的表達方面是非常缺乏的，每一個人都需要改變。

43. 父母干涉和控制我們，有時是父母潛意識裡的一種索取。

44. 我們的潛意識更能夠看得到本質。

45. 我們需要在行為上拒絕父母的幫助，在口頭上表達對他們的愛和感恩。這是我們跟父母建立行為和物質上界限的重要方法。

46. 跟孩子相處的時候，我給父母的建議是：多用問句，少用祈使句；多給建議，少下命令。

47. 你自己不遵守的東西還要強加給孩子，這是非常沒有道理的。

48. 世界上有一種冷，叫做「媽媽覺得你冷」。這些都是孩子的心聲。

49. 父母和孩子之間容易出現對立的感覺。

50. 我們都在渴望對方成為最好的榜樣，給自己最好的體驗。但是很可惜，我們都沒有成為那個人。所以大家抱怨、難受。

51. 如果我們能夠轉變觀念，就可以瞬間從地獄走到天堂。

金句總結

52. 停止要求對方先成為我們渴望的父母或孩子，遵循「誰難受誰改變、誰在乎誰改變」的原則，主動掌握自己的生命，主動地創造，讓自己先成為好的父母或者好的孩子。

53. 讓我們先帶領他們改變，而不是等待對方改變，這是非常大的轉變。

54. 建立邊界，更容易讓自己處在積極的能量狀態上。

55. 在婆媳關係當中，我們需要建立的第一個重要的界限，就是心理上的界限。

56. 為什麼很多女孩結婚後，會經常跟婆婆產生矛盾？因為女孩很難接受這種不知道從哪來的義務和責任。

57. 很多男人的大男人主義，都來自過去的習慣，雖然事實已經改變，但是他們的心裡還不願意接受改變。

58. 我們期待一個年長的人，能夠忽略在年輕時受到的壓制，在年長的時候變成不一樣的人，變得開始尊重下一代、懂得獨立，其實對這個人的要求是很高的。

59. 那些在生活中處處找媳婦毛病的婆婆，往往在她年輕時有另外一個版本的故事，只是角色對換而已。

60. 界限並不會讓你們之間產生所謂的陌生感、隔閡和距離，反而會生出健康的距離感，同時，這種距離會創造出來很多尊重。

61. 「外人」並不是一個讓人悲傷的字眼，它是一種事實的狀態，我們要清楚這一點。

62. 不要越過老公，去跟公婆發生衝突。

63. 不要越過老公，跟公婆做重大的決定。

64. 你跟公婆之間是間接的關係。

65. 我們永遠都不要要求自己的伴侶，像對待他自己的父母一樣對待我們的父母，這是不現實的。

66. 在夫妻關係當中，每個人最大限度地支持、贊同對方的行為，就是極大的界限尊重。

67. 每一個人受到尊重，都應該是他自己努力用言行贏得的。老人受到尊重，應當是老人做了讓人尊重的事情。

68. 每一個人都有獨立人格，孩子只是由父母的生理通道來到這個世界上。

69. 當我們能夠把自己當作獨立的人格存在時，界限感會更分明，我們的感恩和拒絕也會更加分明。

70. 如果我們生活中的重大抉擇權受到侵犯，那是對我們人格自由的最高侵犯。

71. 人的一生當中，特別重大的抉擇沒幾個。生活中的重大抉擇，是那些重要又少數的選擇，它對我們人生品質有決定性作用。

金句總結

72. 要不惜一切代價去捍衛生活中的重大抉擇權。

73. 重大抉擇決定了你能否做自己生命的主人，它是我們生命能量自我掌控的最高展現。

74. 重大抉擇上失去決定權，給人帶來的創傷，需要用很長的時間去療癒。

75. 無論父母還是公婆，對重大生活抉擇權的侵犯是最嚴重的侵犯。

76. 我們之前講「溫柔而堅定」地談，但當侵犯太過嚴重的時候，你甚至可以把「溫柔」省略掉，堅決地談原則問題，不可以妥協，否則你的餘生將在後悔中度過。

77. 過一天完全自己做主的日子是極度幸福的。

78. 自由意志是最高意志。

79. 真正讓你妥協的不是任何人，而是你自己。

80. 很多時候我們妥協，並不是因為對方能力太強了，而是我們太不能堅持了。

81. 你是你自己界限的最後一道防線。

82. 沒有人可以替代你過生活，也沒有人可以替代你承擔做重大抉擇的後果。

83. 負面情緒也有積極的意義，也有存在的需求。負面情緒會引領我們成長。

84. 感恩長輩的好意，拒絕他們的行為。

85. 建立界限的過程是一個清理毛線頭的過程，會讓彼此的生活、責任、義務越來越清晰，而不是黏在一起。

86. 「天下沒有白吃的午餐」，父母的關愛、公婆的給予是有代價的。「吃人嘴軟，拿人手短」，如果我們對父母、公婆又吃、又拿、又用，其實是渾身上下哪裡都「短」。在這種哪裡都「短」的狀況下，你想要自由、想要尊重、想要界限、想要空間……是非常難的。

87. 為什麼心靈成長是獨立成長的過程？一個人在心靈成長的路上走得越遠，會越來越獨立，他會越來越擔當起自己該有的責任，越來越變成一個發光體和付出的人，而不是一個索求的人。

88. 一個給別人帶來快樂的人，走到任何一個地方都是受歡迎的。

89. 我們跟父母、公婆的相處有點像能量平衡藝術。

90. 我們常常被侵犯，往往是因為我們的能量太弱了。

91. 十二字箴言：多給予、多讚美、少索取、少批判。

92. 伴侶是自己找來的親人。

93. 這個跟你沒有血緣關係的人成為你生命中最重要的人。

金句總結

94. 親密關係是陪伴我們一生最長久的。一般來講，夫妻陪伴的時間遠遠多於父母和孩子。

95. 很多問題來源於大家在夫妻關係中存在「期待」。

96. 依賴久了，獨立人格就會消失，會發現當獨立人格越來越弱的時候，自身的力量就越來越小了。

97. 很多女人的苦難來自對「我養你」的信奉。

98. 結婚之後的界限不清，一方面是太過依賴「我養你」，另外一方面，活在了「應該」的世界裡。

99. 無論「應該」放在哪裡，它都是一種界限的侵犯。

100. 從屬心態會讓女人變成物化的工具。

101. 弱勢的一方從屬於強勢的一方，這是屬於夫妻關係中非常嚴重的越界行為。

102. 重男輕女的思想，傷害的不僅僅是女人，傷害的也是男人。

103. 任何事情都有正反兩面，得到了很多關愛，也得到了很多控制。

104. 為什麼會成為媽寶男？一方面集全家的寵愛於一身，另一方面也集全家的期待、壓力於一身。

105. 如果我們用一個更大的格局和視角，看待我們所經歷的家庭問題，會獲得更多的營養，有完全不一樣的改觀。

106. 夫妻關係的人格獨立界限的建立，意義重大，它有著承上啟下的作用。

107. 在婚姻中和另外一個人結婚，只意味著在你的人生旅途上，遇到了一個你喜歡的、有趣的、想要同行的人，但是未來的人生路還是要靠自己走的。無論你愛他或他愛你，都沒有任何一個人，能永遠替你走。

108. 對婚姻的失望來自太多不切實際、不應該的期望。

109. 婚姻並不是救世主，另一半也不應該成為你人生的救世主，他只是一個陪伴的人。

110. 婚姻中沒有義務可言。

111. 如果你活在承諾當中，就會活在義務中；你活在義務中，就活在對彼此的要求和控制當中。

112. 沒有任何一個人能夠真正控制別人，除非別人願意。

113. 離婚體制的出現和存在，是婚姻平等的展現，也提示婚姻中不存在任何的從屬關係。

114. 有些人活在現代，思想還在古代。

115. 婚後兩個人為彼此做的任何事情，雙方都應該感恩。

116. 無論男人、女人，界限侵犯的思考方式都一樣：你是我老公，你應該怎樣；你是我妻子，你應該怎樣；你是孩子媽媽，應該怎樣；你已經嫁人了，你應該怎樣……

金句總結

117. 沒有任何一個人、任何一個制度可以保證，只要結婚，你們就一定一輩子相親相愛，要心甘情願做任何事。

118. 離婚制度的設定是為了保障每個人在婚姻中的權利，它是非常好的制度。它讓我們珍惜現在跟另外一個人相處的時間，讓我們有重新選擇的權利。

119. 不要在結婚之後，放棄自己獨立的人格。

120. 戀愛之所以美好，是我們對一個人上癮。

121. 婚姻是一種組合，不是重合。

122. 結婚之後千萬不要放棄自己的圈子，不要放棄自己的愛好，不要放棄自己的世界，不要放棄你的任何東西。

123. 婚姻應該為我們的生活增加一些東西，而不是使我們的生活減少一些東西。

124. 我們在另外一個人心中再重要，也只是他生命當中的一個角色而已。

125. 當一個人的世界被另外一個人全部占滿的時候，從長遠來看一定是不快樂的。

126. 最難療癒的就是一個人對自己的痛恨。

127. 在婚姻中能夠做真實自己的夫妻，才是幸福的夫妻。

128. 你在乎別人的開心，遠遠高於、多於在乎自己的開心，結局就是你總是不開心。

129. 我們要學會用自己的能量去解決自己的問題，而不是永遠把問題拋給別人，這是學會建立界限、承擔自己人生責任的重要步驟。

130. 邊界是我們透過各方面的調解、選擇、拒絕形成的一個真實自我的空間，對讓我們產生難受的事件說「不」，不斷給自己信心，爭取自己應該有的權利，保護自己的感受。

131. 邊界為我們爭取的是最大化的自由意志，保障我們能夠完完全全按自己的想法生活。

132. 建立身體邊界最重要的是尊重自己、對自己身體的掌握權，保護自己在身體上的權利。

133. 你不是他，你永遠不知道他的真實想法是什麼，別人也不是我們，局外人也永遠不知道你真實的感受是什麼。

134. 本質上，我們沒有能力改變對方，一切都是徒勞，只能讓自己不開心。

135. 每個人在自己生活的各方面，多一點自由意志的掌控權，我們的人生就會幸福一些。

136. 身體邊界的踐踏行為，受傷最嚴重的是孩子。

137. 一個人對身體不夠尊重，他的自尊也是不完整的。

138. 個人在自己的價值觀裡面，覺得自己的行為都是正常的。

金句總結

139. 你尊重他的身體，會帶給他身體上的自尊。孩子長大之後，也會非常尊重自己，這是父母能夠給孩子的極大的保護。

140. 很多人對身體的不尊重，來自對性的不尊重。

141. 小孩子的世界裡，分不清玩笑和事實，孩子會把無意義的玩笑當作事實。

142. 我們的身體是值得驕傲的、值得尊重的。

143. 我們的身體非常美好和神聖。

144. 我們最隱私的地方，其實是最需要尊重的地方。

145. 正視自己的身體，是尊重自己身體的前提。

146. 我們長時間希望別人來幫助我們解決生活中的難題，會造成我們對自己的判斷不夠自信、不夠篤定。

147. 通常，我們不認為自己是一個加害者。往往發洩情緒的人，都認為自己是一個受害者，因為我們看不到情緒真正的來源。

148. 心理學有一個著名的理論，叫做 ABC 理論。A 代表發生的事件，B 代表信念，C 代表情緒和行為後果，即我們自己對於事情的看法、解釋、信念，造就了我們的情緒。

149. 每個人的界限是很主觀的，我們的界限是自己設立的一道保護屏障。

150. 造就我們情緒的不是事件本身，而是我們對於事件的看法。

151. 事實的真相是，情緒的產生並不是由外界的人、事、物造成的。

152. 情緒的根本來源，不來自外部，而來自內部，來自自己的內心，來自我們深入骨髓的價值觀和信念。

153. 這些價值觀、信念，全是關於我們自己的，是我們在過去生活經歷當中，一點一點累積，慢慢形成的，和外面的人、事、物沒有什麼關係。

154. 負面情緒的產生是來源於我們自己，它屬於自己情緒的排泄物。我們需要像上廁所一樣，關起門來，在隱私的情況下，自己處理好。

155. 隨意把你的情緒發洩給別人的時候，就像你在公共場所隨地大小便一樣，就像你把自己最髒的垃圾丟到別人身上一樣。

156. 對負面情緒好的處理方式是什麼？是主動地釋放，正常表達。

157. 盡量不要把負面情緒隨便找一個普通人來接納，他們沒有接納的能力。

158. 映像書寫的過程就是意識和潛意識對話的過程，對於釋放負面情緒有很大幫助。

金句總結

159. 釋放完之後，請把你的這些負面情緒撕掉、扔掉，讓它隨著時光流走，不要存下來反覆自我傷害。

160. 負面情緒像垃圾，不要隨意丟給別人，請自行排泄，並且收拾好戰場。

161. 正面的情緒像禮物，看情況贈送，不要隨意給別人。

162. 在所有的成長當中，一切都是以自我為中心的。

163. 世界上有很多人，他們的人生軌跡或人生階段和我們不匹配，我們需要尊重和允許別人活在他們的階段裡面。

164. 對方把情緒丟給你，因為他堅信是你讓他不高興，但事實本身不是這樣。

165. 讓我們陷進去的是什麼呢？是我們認同了對方的觀念。

166. 一個人為什麼會對別人說的話憤怒，往往是因為對方說對了。表面上我們否認，但深層次贊同，才會有那麼大的情緒反抗。

167. 我們害怕聽到自己的聲音，而當別人很大聲講出來的時候，我們就憤怒了。

168. 外人的話會逼迫他，看到真實的自己，而當事人往往不喜歡真實的自己。

169. 指責別人比指責自己容易多了，指責自己的感受更糟糕。

170. 很多時候，我們以為別人侵犯了我們，很可能我們是界限侵犯的發起者。

171. 我們要尊重別人的生命歷程。

172. 自己學，自己改變。

173. 當你變成一個更好的、更寬容的、更尊重別人界限的人，他們才有可能接受你的禮物。

174. 不要把所有的眼光都放在別人身上，學習不是為了讓別人變得更好，而是為了讓自己變得更好。

175. 我們需要把別人的問題留給別人，讓他們為自己的情緒負責，要允許別人有問題。

176. 尊重是美好的，每個人終究還是要自己面對自己的問題。

177. 你在指責他的無能，你在要求他為他的人生負起責任，但是他顯然還不願意負起責任。

178. 世界上沒有人天生喜歡接納別人的情緒。

179. 別人的情緒是他們的問題，他們需要學習。

180. 建立界限目的是什麼呢？其實是為了給我們自己建立一種保護，一種不被侵犯、自己做主的保障。

181. 很多人眼光向外，一輩子都在研究別人。

182. 很多人一生都生活在兩個自我中：一個真實的自我，一個壓抑的自我。

金句總結

183. 缺乏界限的人，往往是離真實自我很遠的人。

184. 越有界限意識的人，越是活出真實自我的人，同時也越是能量大、氣場大的人。

185. 壓抑的自我是為了獲得外界認可的小我。

186. 真實生活中，小我往往戰勝真實的自我。我們太渴求外界的愛，沒有辦法離開外界的支持，因為自己內在沒有力量。

187. 任何人都嚮往光亮，渴望跟能量強大的人在一起。

188. 能量並不是一個非常虛幻的東西，在生活中很多情況下，實實在在可以體會到能量。

189. 喜氣是什麼？其實就是好的能量。

190. 孩子的敏感度比成年人更強，孩子比成年人更能清晰地感知到能量的存在。

191. 每個人都有能量，只是有能量強弱之分。能量強代表生，能量弱代表亡。

192. 強的能量是上升的，是向上的；弱的能量是走向衰亡的，是向下的。

193. 所有的修練，最終目的是把體內的能量執行好，使體內的能量變得更強大、更順暢。

194. 在思想上要有巨大的改變，需要練習深層次的接納，接納自己的一切，這是和真實自我連線、提升能量的非常有效的辦法。

195. 每個人都有很多盲點，看不到百分百的事實真相，而事實的真相往往比我們意識到的更複雜。

196. 如果想要和真實的自己有更深層次的連線，就需要學會接納。

197. 人生是有週期的，每個人都在一生當中經歷很多高點，也經歷很多低點，當我們按照時間順序，把這些高點、低點連線起來的時候，你會看到一條波浪線。這條波浪線就像心臟心電波的影像一樣，有高有低，有起有伏，這是生命的真相。

198. 每一個生命都有週期，每一個人都有週期。

199. 有高就有低，有好就有壞，有是就有非。

200. 而真正的接納是什麼？是尊重週期，順流而不抗拒。處在高的時候享受高的美，處在低的時候享受低的靜，每一個人內在生命的能量，就像潮漲潮落一樣自然。

201. 我們按照週期生活，按照能量的波浪生活，順應生命的潮漲潮落，它是一件非常美的事情。

金句總結

202. 你要給自己時間，等待它發酵、等待它潮漲潮落。被接納的時候，你就處在浪的頂端，隨著它上上下下。你不需要較勁，不需要費力氣，可以輕鬆地度過每一個高高低低。而在這個過程當中，你的心境並不隨著它糾結、奔波，你可以獲得更持久的平靜、喜悅。

203. 如何和自我建立更好的連線，接納自己，順流不抗拒，這會幫助我們提升能量。

204. 控制往往來自恐懼。

205. 男人情緒低落的時候是需要空間的，他們不像女人一樣喜歡傾訴。

206. 要麼後悔過去做的事情，要麼擔心未來發生的事情。